比嘉 隆

忘れられた山原人《やんばるんちゅ》と倭族

―黒潮に浮かぶ古琉球史と日本古代史の解明

ボーダーインク

はじめに

琉球王国といわれる以前の沖縄の歴史は、どんなものだったのか。また日本史の「記紀」（『古事記』『日本書紀』）が書かれた以前の歴史はどうだったのか。沖縄島には「元《むとー》は今帰仁《やなきじん》」という言葉が伝わる。沖縄近海から北上する黒潮がある。その黒潮に浮かんだ海人《うみんちゅ》や交易者、派遣された使者、また国を追われた難民などがいた。この黒潮を舞台にした周辺の東アジア・東南アジアの島々を中心に、古《こ》琉球《りゅうきゅう》や日本古代の歴史を考える。日本史の研究は、いま大きな転換期に直面している。従来の日本史の「常識」や固定観念を打ち破り、新しい視座にたって真実の日本史像を再構築しようとする仕事が、次々に始まっている。このことは古琉球史にも言える。

古琉球においてもこれまでの研究が、十七世紀や十八世紀の正史といわれる『中山世鑑《ちゅうざんせいかん》』や『中山《ちゅうざん》世譜《せいふ》』等による古琉球（一六〇九年以前の天孫氏《てんそんし》時代）の記述をそれほど強い史料批判もなく、正史に合わせるような研究がなされてきた感がある。当時の政治家による彼らの二〜三〇〇年前の記述をそのまま受け入れることはできない。また王統史でもあり、どの時代でも、どこの国でも見られるような時の権力による政権の正当性を知らす意図も多々見られる。もちろん中国にみられるような史官による歴史の記述はある。

一九三一年久米村の旧家で発見された『歴代宝案《れきだいほうあん》』から、尚巴志《しょうはし》によって、那覇を中心に海外交易が大きく展開されたことがわかってきた。海外への使者派遣などについては、仲北山系按司《なかほくざん》と尚巴志の関係を拙書（『古琉球史論』）で紹介したが、この山原《やんばる》の仲北山系按司たちが沖縄の海をどう対処し活動したかを検証し、尚巴志の海外交易発展につながったかを考えたい。

これまで「正史」を中心とした歴史観は、伊波普猷《いはふゆう》のいう山原は、狩猟民族で、交通の便も悪く、三山（『中山世鑑』に記された、一四世紀末から一五世紀初頭の頃の沖縄島を中山・北山・南山という三つの区域分け）でも北山・山原は最も遅れた地域であったと扱われた。それが通説となって、九世紀ごろになると、沖縄では、これまで長く続いてきた血縁共同体の社会は地縁共同体へと移行し、階級分化の兆《きざ》しがみえるようになってきた。その波はやがて一一世紀にいたると、政治的社会成立への胎動となって各地に「按司《あじ》」と称する族長的支配者の出現をみるようになった。この新しい支配者は、大部分がマキョの根人《にっちゅ》から成長したものであるが、村落（間切《まぎり》＝現在の町村）の土地と人民を独占的に支配する政治的・経済的権力者の土豪となっていった。これらの按司がもっとも早く発生した地域は沖縄の中南部地方である。この地域は農業生産面からみても恵まれた豊饒な地帯であり、そこに新しい政治社会が始まった。ここに発生した按司社会の波は、次第に北部の国頭地方へと波及し、やがて沖縄島周辺部の離島から北は奄美の島々に拡がり、一方、また南は先島の宮古・八重山の各島々にまで波及していったと考えられている。

そこには正史にそった中山中心史観がみられ、「元は今帰仁《むとーやなきじん》」という歴史認識はなく、古代から続く海洋民族としての交易を中心とした歴史観はみられない。日本本土にみられる「農耕の村から町へ」という歴史観である。伊波普猷の置かれた明治時代の近代国家設立という大きな流れの中では無理からぬことであった。近年では、これまでの歴史研究に対しての見直しが行われているのも事実である。

これまでの歴史学が全体として日本の社会の歴史の中で、海の果たした役割について、必ずしも十分に認識を深めてこなかったのではないか、そのために、日本の歴史像全体がかなりのゆがみを持つ結果になっている。しかし、最近の研究がその空白を確実に埋めつつあることも、また事実である。実際、九州に即してみても、海を通じての中国大陸あるいは朝鮮半島、また南島―沖縄（琉球）との交流が活発であったことは、よく知られた事実である。

木下尚子氏は「琉球勾玉試論――その始まりと展開――」（沖縄考古学会、二〇二四年八月）において、勾玉《まがたま》の研究から、勾玉が農耕における祭祀と関係があり、それが第一尚氏の王国成立に結びついたと指摘している。琉球においてこの勾玉をめぐって従前から民間商人による活発な交易があったことがうかがえる。

歴史研究にとって出発点となるのは史料である。それは海域世界を検討するときにも変わりはない。ところが、海に関わる人間の諸活動、たとえば、移動、交易、漁労あるいは海賊などについて書かれた史料は、ほとんど陸の立場からの記述である。これは領域観の強い王朝が多く成立したことに対応している。すなわち、海に関わる人間について、陸から見た視点で描写しているということである。

史料を解釈するとき、つねにこの点を意識しなければならない。

船を生活の手段とする者には、海洋が国と国、民族と民族とを分け隔てる境界線だという意識がまったくなかったとはいえないまでも、それは存在したとしても、きわめて薄いものであった。まして、まだ国というものの成立しなかった遠い昔、あるいは国家意識のつよくなかった大昔の人びとには、海、とくに東シナ海は越えることのできない国境ではなかった。わが国と中国大陸に横たわるこの東シナ海を、凌純声《りょうじゅんせい》という中国の学者が「東亜地中海（東アジアの内海）」と表現している。東シナ海は中国側にとっても、琉球や日本側にとっても、人と文化の交流の場であったのである。

琉球では天孫氏時代から一六〇九年までの古琉球時代において、沖縄島北部の山原地域については、通説の貧しく遅れた地域ではなく、海を利用して活発に活動した山原人《やんばるんちゅ》がいたのである。

往時の山原人の活躍を、沖縄北部地域の地形や生産物、馬の飼育する牧などの関係、また、山原の各グスクから出土する中国製陶磁器などから交易によって繁栄していたことを明らかにする。さらに、なぜ山原地域や奄美諸島が遅れた地域として認識されたかについて日本本土での歴史認識について参考にしながら考察する。

琉球弧の交易の歴史と沖縄のウミンチュが黒潮に乗って日本本土にもたらした文化や東南アジアの文化との類似性を明らかにする。

現在の歴史学には、大局的に見て二つの潮流がある。ひとつは、フェルナン・H・ブローデルの地中海の研究に起点をもつ「海の歴史」である。これまで陸で生起した王朝や国家の歴史を軸にして論じられていた歴史学に、異なる視点があることを教え、海を人の活動を阻《はば》むものとしてではなく、人の活躍の舞台でもあったことを示してくれた。「海の歴史」は、東南アジア史でいち早く受け入れられ、日本史においても東シナ海や日本海などをめぐる海域世界の研究が展開されている。

このような海域世界の実態を明らかにするには、従来からのもう一つの潮流である「陸の歴史」を見直す必要がある。古琉球史においても「正史」（『中山世鑑』『中山世譜』等）に「陸の歴史」の視点からの記述や中山中心の歴史観がみられ、そしてそのことによって、「記紀」（『古事記』『日本書紀』）と同じように、歴史の呪縛がみられる。史料批判をすることによって、その歴史記述の意図を明らかにしたい。

最後に、海洋民族と琉球の民《たみ》の源流として倭族《わぞく》について、その歴史を明らかにする。また倭族と関係すると思われる、日本神話にあらわれる人物や風習など、さらに高天原《たかまがはら》についても明らかにする。

目次

忘れられた山原人《やんばるんちゅ》と倭族——黒潮に浮かぶ古琉球史と日本古代史の解明

第一章　山原の海と港

海進と海面後退

沖縄島北部山原にある地名の大宜味《おおぎみ》というのは「いぎみ」といわれ、泉のことと云われる。船に積み込む水を汲んだ場所からきたと考えられる。ここでは、古琉球時代の山原の海と港についてみてみたい。

上流から下流へ一方向に流れる「川」に対し、「江（江湖《えご》）」と呼ばれる水の流れには、上流と下流の明確な区別がはない。「江」とは、潮の満ち引きの影響を受ける流れのことであり、海や湖沼の陸地に入り込んでいる所である。入り江は、古くは広く海・川・堀などをいった。港とは、海が陸地に入り込んだ地形を利用したり、防波堤を築いたりして、船舶が安全に停泊できるようにした所である。また船が安全に出入り、停泊でき、水陸交通接点として陸上との交通連絡施設をもち、旅客の乗降、貨物の積み卸しをする場所で、湊《みなと》、津《つ》、泊《とまり》などといわれた船着き場から発展してきたものである。港湾《こうわん》とは、「船が出ていく」ところであり、寄港《きこう》とは、目的地まで航海中の船が途中の港に立ち寄ることである。

仲宗根政善によると、沖縄島本部《もとぶ》半島にある今帰仁には、「ンナトゥ」という国の天然記念物の「塩川」がある。淡水に海水が混ざる不思議な川である。古くから川の流れが絶えることはない。港でもないのにこの川を「ンナトゥ」（港）と呼ばれていた。昔、河口は水深が深く、満潮時には船が入れる川だったという。そういう河口を古代には、「水門《すいもん》・水戸《みと》・ミナト」と言った。また沖縄の代表的な「ンナトゥ（港）」には、八重瀬町具志頭《ぐしかみ》の「ンナトゥグヮー（港川）」や今帰仁村《なきじん》の「テーンナトゥ（矩港）」がある。今帰仁の「テーンナトゥ」は、その音、中国からの船が入った歴史上も名のある港である。その河口付近は、かつて古代人が「ミナ川」または「ンナハー（蜷川）」と呼んだところである。これらのことは海面後退以前のことである。

今は集落の農地になっている所であるが、かつてはそこまで海だったのである。海面が後退したのである。これは日本列島の奥地まで海水が流入したという縄文海進《かいしん》の時代まで遡る。砂浜がまだ貧弱な時代には、そこまで海が延びていても不思議ではない。実際、明治の初め頃までは集落の奥地まで船が入ったということから、太古には波打ち際は山の麓付近だった。今の川沿いの畑地は土石流で埋ってできたといわれる。

商業や都市は人類の歴史とともに古い。食糧の生産をしないで交易でそれを入手するという人々や集落は、非常に古くからあった。

網野善彦は『海と列島の中世』のなかで、琉球（沖縄）と中国大陸南部の交流は、少なくとも一三世紀後半以降、非常に活発になったと考えられる。沖縄諸島ではそのころにはグスク時代が開始されている。グスクは城というだけでなくもっと広い意味があって、ある種の聖地でもあり、さまざまな機能を持ったもので、多少とも政治的な意味を持った中心が沖縄諸島の各地に生まれてくる。それが一二世紀前後のことで、これには中国大陸との交流が作用していたと推定している。また日本列島主要部と沖縄との交流もそこに作用していたことは間違いはない。元あるいは宋の時代にまでさかのぼる青磁、白磁の陶磁器が沖縄から大量に発掘されており、中国大陸との交流が時期を画《かく》するほど活発になってきたことは明らかだと指摘している。

古琉球時代、山北《さんほく》（山原）をマイナスの存在と感じる意識はほとんどなかった。島チャビ（孤島苦）を言い出したのは、尚家《しょうけ》（第二尚氏）から寄贈された正史と呼ばれる書物（『中山世鑑』など）の研究が始まった近代になってからであり、伊波普猷が孤島苦を言い出し、山北（山原）の民は狩猟民として扱われた。また東恩納寛惇《ひがしおんなかんじゅん》も古琉球時代の山原を遅れた地域としてとらえている。山北では中国への朝貢貿易以前から、民間レベルの交易は行われていた。察度《さっと》の進貢《しんこう》により、民間の交易は密貿易というかたちになっただけである。ただ察度自体も全沖縄島を統治しておらず、中山国としての一地域の進貢であり、他地域から王としての進貢という形をとれば、公貿易になる。民間の中国以外との交易は密貿易とは言えず、私貿易である。民間による活発な民間交易は、当時の各地の出土物（第五章）からでもわかる。後に三山を統一した尚巴志は山北地域の交易者を使者として各地へ派遣し、琉球国としての大交易時代を展開する。

前漢の武帝の時代に生まれた歴史家司馬遷《しばせん》の『史記《しき》』巻一二九に、

淵深而魚生之、山深而獣往之、人富而仁義附焉。

とあり、「淵が深ければ魚が生じ、山が深ければ獣が集まり、人が富んでこそ仁義（思いやりの心と道理にかなった行い）が備わる」という。山原地域は、まさに当時は現在よりも海面が高く、魚貝類が豊富で、そして山にはイノシシやシカなどの獣も生息したと考えられる。またこのような環境に人々が集まり交易を展開していったことが想像される。

山原の地形

沖縄本島は、石川市（現うるま市）と恩納《おんな》村仲泊《なかどまり》間の細いくびれ部を通過すると地形が一変する。ここから北部は古くから「やんばる（山原）」とよばれ、山地性の地形が最北端の辺戸《へど》岬まで連なっている。それほど高い山はないが、その多くの地域は急峻な傾斜面が海岸近くまで迫り、この地域と他との交通は舟による沿岸航行が主で、陸上路はあまり発達しなかった。急峻な地形がそれを阻《はば》んだのである。

三角形をした大きな平野が東シナ海に張り出した地形が目を引く。国頭《くにがみ》村の赤丸《あかまる》崎（岬）、奥間《おくま》ビーチの場所である。古くは、この一帯は「奥間ターブックヮ」と呼ばれた水田地帯であった。また、国頭村の「奥間ビーチ」の浜があり、この浜の沖の海底から、世界に例のない「沈水板干瀬《いたぴし》」が発見されている。この海中の板干瀬は、現在の海面より相対的に二〜三メートル低い時代に出来たものが、のちに沈水したものである。

塩屋湾は、沖縄本島北西部の大宜味村に位置する内湾である。塩屋湾は河川によって出来た谷が、海水の侵入によって完成した。いわゆる「リアス式海岸」の様相を示す。塩屋湾は、最大で唯一の流入河川である大保《たいほ》大川の下流域に位置する、西方に口を開く三角形状の内湾である。面積は約三・八平方キロで、最大の水深は一五・五メートルである。古くは唐船の出入りした港でもあった。

しかし近年の山地開発で大保川などから大量に流入する砂によって三角州（デルタ）が発達している。この塩屋湾はその前進に伴って埋められ小さくなっている。山地開発によって真っ赤な土が塩屋湾を埋めている。

図１　ハーミン城

この塩屋湾の堆積物の変化の調査から、沖縄諸島において狩猟採集から農耕への変遷が一一〜一二世紀ごろになって「突然」に農耕が始まったことが指摘されている。塩屋湾に面した小高い丘には、ハーミン城があり、塩屋湾に入ってくる唐船などを確認するためのグスクだとみられる。日本本土では武士が登場してきた源平の時代である。

また喜如嘉《きじょか》には、昔、饒波《ぬうは》でつくった唐船が遭難した際に、その関係者を祀るためのお宮が建てられた。航海安全を祈るお宮として唐旅の安全を祈っている。饒波は、昔から船大工で有名であり、松の木をきり出して唐船をつくったとも云われる。上原には、マーランガーという川があり、中近東との交易に関係し、飲料水に使う水を汲んで運んだとも云われている。

田港《たみなと》は、背景が高い山で、クブ（窪《くぼ》み）も多いし、古くは貿易港として栄えた所であるだけに、聖所の数も多い。水が豊富でアカキド山には、赤木が繁殖していたと云われる。鍛冶屋跡はハンジャガーと呼称されている。またウータキには、それをあらわす鎌倉時代のものといわれる朝鮮の鐘や香炉（六百年前）があり、中国貿易のころの船の名も残っていたと伝わる。また隣の屋古集落の北、平坦地は、クニンダ（久米村）という地名もあり、塩屋湾から中国へ向けての唐船の仕事にあったっていた場所とも考えられる。

平南《ひなん》川、方言ではヒナンガーと言い、『琉球国旧記』には「平南江」と見え、東方に発し、北西の間を流れるとある。河川延長六・一キロメートル・流域面積一〇・八平方メートルである。大宜味村南西部を北に流れ、下流でアザカ川を合流し、津波《つは》集落の南約一キロメートルで東シナ海に注ぐ。かつては河口が広く平南港ともいわれていたが、今は土砂が堆積して砂州を形成している。河口付近は岩壁の切り立つ交通の難所でもあった。『沖縄県国頭郡志』には「羽地村源河より平南を経て津波に至る一帯は甚だ潮水の急速なる所にして古来屢々《しばしば》海嘯《かいしょう》に襲わる。平南は即ち古への平南村の古址《こし》なれども民屋悉《みんおくことごと》く海中に掻浚《そうしゅん》はれ遂に其故地のみ津波に合併せられたるなり。また津波も数度侵触せられ、現在の海浜は旧時部落の中程に当りし所なりといふ」と記されている。

津波は、昔は平南村であり、北側の津波と南側の平南が合併した。大昔、大津波が起こったために集落が移動してきたとも伝えられている。また水深の深い当時は、平南川沿いに野球場ほどの大きさのクニンダ(久米村)原という場所があり、中国貿易に従事していた人たちの敷地があったと思われる。また当時の川は水量も豊富で水田のあとも多くみられた。現在ではフタマタ川やトカイ川(渡海川)、サットウグムイ(滝つぼ)から流れる水も少量で当時をしのぶ由《よし》もない。

国學院大学教授笹生衛《さそうまもる》氏は、「関東における河川の変化と集落・灌漑用水系――千葉県内、小糸川水系の事例を中心に――」(二〇一五年)において、科学的、考古学的アプローチから、地形と環境が変化し、出土した木片から年輪に含まれる特定の元素の量から当時(過去)の気候を推定している。発掘によると、一〇世紀頃、度重なる洪水で、小糸川《こいと》(千葉県君津市)の川底が削られ、低下した。よって灌漑用水の水源が変わって、今まで水田だった部分も乾くので、水田にならなくなる。他の土地への移動・再建をよぎなくされた。気候変動が地形変動をもたらしている。地形の変動は河川だけでなく、海岸線が大きく変わるなど、全国各地で起こっていると指摘する。

氷期と間氷期の繰り返しにより海面が変動する。最終氷期が終わると、地球の温度が上昇し、氷床が溶けて海の水が増加する。すると海岸地帯にあった場所は海に沈んだ。しかし、その後増えた海水の重みによって海底の地殻が沈み込む。それにより地球内部に流動が起こり海岸付近の陸地を押し上げる。

縄文前期の平均気温が現在より何度か高かったのは、全地球的な現象で、極地や高山の氷河から溶け出した水が、海面を押し上げ、いま海に接している陸地の平野部の大半は、水面下に没していた。それがやがて気温の低下につれて、海が退いて行き、入江や湾だったところの水底が、しだいに水面上に露出して、一面に葦の生え茂る広々とした湿地に変わりだしていった。千年単位の長期にわたって、徐々に進行し変化している。この現象は世界的に生じたことである。このように海が陸地内に浸入する現象を海進というが、海水準（海水位、海面高度）が上昇した結果であり、沖縄島をはじめどこでも同じ現象が起こっている。

同じ北部の山原でも西側と東側では遺跡の分布状況は異なり、古さや数においても西側が卓越し、東側は新しく少ない。両方とも海岸まで急峻な山地が迫るという共通性を有しつつも、ところどころに広い台地や広い砂丘の多い西側が生活条件としては勝っていた。しかも、前面の珊瑚礁《さんごしょう》の海も西側の方が広く浅く、適当に砂底と岩礁底《がんしょうてい》があり、穏やかであることも影響している。一方、近隣の小さな島々は比較的低平で広い珊瑚礁に恵まれ、海洋民としての当時の人々の生活条件としてはむしろ沖縄本島北部、とくに東海岸よりかなり好適な環境下にあり、多くの貝塚を残している。

中部から北部へぬける沖縄本島のくびれ部のある仲泊集落へ至る手前に海岸に突き出た石灰岩の丘

があり、この丘の傾斜面や岩陰などにいくつかの時期にまたがる遺跡群がある。また、丘が海に突出しているので、かつては西海岸道はいったんここで丘を越える道となり、斜面には石畳敷がいまでも残されている。

本部半島

本部半島が沖縄本島から大きく西の海に突出していることによって、沖縄本島の西海岸に、人間的に活発な歴史を作ってきた。それは近くに伊江《いえ》島、その北側の海中に、伊是名《いぜな》島、伊平屋《いへや》島などの風土的に豊かな島々を控えていることによって、沖縄本島の重要な地点を形成してきた。

この半島の付け根には名護市があり、北側には今帰仁村があって、行政的には本部町とは別々であるが、それとは別に、昔から沖縄住民は、その半島全体を本部半島の名によって観望してきた。

本部半島は、沖縄北部の国頭山脈とによって、日本本土からの船を受け入れる大きな湾を形成して、その湾の南の奥に運天《うんてん》港、屋我地《やがじ》湾、東の奥に塩屋湾を擁《よう》している。

昔あるいは大昔、日本本土から、あるいは中国大陸からの漂流船の漂着所としての「本部」でもある。壱岐《いき》・対馬《つしま》の南方につづく五島列島がある、日本古代史、東洋古代史、沖縄古代史にとって見落としてはならないこの五島列島は、北九州の西の海中に近く所在する島で、『古事記』には「チカノシマ」と記されている。東シナ海の北の隅の九州の関門であった。このチカの島から、新北風のころ帆をあげて、数日南下すれば沖縄本島の北部にある本部に着く。それで、沖縄島への九州地方からの移住民の一つの主要線の起点が、チカの島、五島列島だと考えられている。

そこで本部半島は、沖縄民族の主要な上陸地点と見なすことできる。沖縄本島からいえば半島になっているのに「もと」と名づけられていて「もとぶ」となっているのはそのためである。その中の「なきじん」(今帰仁)は、その本部の中に新しい移住民「いまき」(今来)の人が、居住地を定めた地点であることを物語っている。「いまき」というのは日本の古語で、今来の人といえば、新来の人ということである。

今の今帰仁村の西のはずれに上《かみ》本部町があり、名護市に隣りあう南の方に崎《さき》本部があるのは、本部を本島と考えていたころの名づけ方である。

この地域は、昔の南山、今の島尻《しまじり》郡にも相匹敵する広さをもち、北山というのは、今帰仁グスクを統治者の居城としたこの本部半島のことであった。北山を、正史の向象賢《しょうじょうけん》(羽地朝秀《はねじちょうしゅう》)『中山世鑑』による誤った記述のため、常識的に今の国頭郡全体と思っている人も多い。しかし、中山、南山、北山の三分山立時代の北山の地といえば、本部・今帰仁をさして言っていたのである。北山王とは今帰仁の城主であったことをはっきりさせておく必要がある。北山の時代は先北山・中北山・後北山などの時代区分がある。筆者は中北山の時代や按司などの人物を表すものなど、人偏《にんべん》の仲北山を用いることにする。

仲北山の仲宗根若按司から怕尼芝《ハンニシ》（筆者はハクニシ、ハニシ（ジ）やパニジではなくハンニシ）が奪ったのが今帰仁グスクであり、本部地域の港湾であり、正史のいう三山の区分は見直さなければならない。このことについては拙書『古琉球史論』で論述した。

本部の中央を流れる満名《まんな》川の河口が湊として発展した。そこが渡久地である。「とぐち」は「渡口」または「唐口」と考えられる。港外には、瀬底《せそこ》島、水納《みんな》島、伊江島が在《あ》って港内の内は内海のようになっている。

中国と沖縄との間にはすべて古代より親密な関係がある。一四世紀の終わり頃に、中国の難破船を修理して中国に送り届けた人があった。それは健堅大親《けんけんうふやー》といわれた人で、崎本部と渡久地との間くらいにある健堅という部落の村はずれの岩のかげにその墓が残っている。

伊江島が「いいじま」すなわち「上島」であるということであるとすれば、本部から見た重要な意味を持つ島ということになる。そこで、渡久地港と伊江島とを一体化して、大自然的な古代にかえすことができる。伊江島の中央にそびえている岩山は伊江島タッチュウーとも呼ばれて、航海者の目標になってきた。本部の瀬底島と水納島との間を通り、渡久地《とぐち》港と伊江島の間を走って、備瀬《びせ》崎を右に見ながら、つづいて左に伊是名島、伊平屋島、右に与論《よろん》島を望みながら北に進んでいくのであった。

伊江島はチャートの岩山が屹立《きつりつ》し、その周囲に珊瑚礁が取り巻いて隆起砂丘と珊瑚礁の分化した島で、洋上よりみると長く平たい石灰岩の地形に岩山が突出して、遠くからでも島の特徴がよくわかり古くから航海の目印とされてきた。島の北側は崖地がつづき、また深い海がひかえているが、南側は広く長い珊瑚礁が横たわり、海岸には長大な砂丘が展開している。縄文時代からこの南海岸は人々の暮らしの拠点で、基本的にはいまも同様である。南海岸砂丘には前Ⅳ期（約二七〇〇～二二〇〇年前）から沖縄貝塚時代後期にかけての貝塚が多数分布しており、前面の珊瑚礁湖が人々の暮らしを支えてきたのである。数度の発掘調査が行われ、島の定期船の発着する伊江港一帯の砂丘に具志原《ぐしばる》貝塚がある。

昔の読谷山

読谷の地は仲北山系護佐丸《ごさまる》の領地であった。怕尼芝から難を逃れた伊波按司の子孫である。そこで本部・今帰仁と強い関係にある読谷について触れたい。

中部の読谷村の丘陵台地をぬけて、北部の入口である恩納村仲泊に入ろうとするところに久良波貝塚がある。海浜は北に面しているが、かなりの範囲に遠浅の珊瑚礁湖が広がり穏やかな海面をみせていることが多い。砂丘の両端には後背の丘から流れ出る二つの沢がある。

読谷の半島にある残波岬と東シナ海に突き出している昔の読谷山《ゆんたんざ》と、同じく備瀬崎を東シナ海に突き出している本部とは、地理的にも歴史的にもよく似かよっている。備瀬崎に面した備瀬集落を囲む防風林として発達したフクギは、南蛮貿易時代に南洋から移植されたものである。

また読谷山の残波《ざんぱ》岬と真栄田《まえだ》岬との間の入江の奥の長浜は、昔南洋との通交のあった所だといわれて、今帰仁の海岸とよく似ている、また西海岸の根もとにあたる所には、比謝《ひじゃ》川の海に注ぐ所に渡具《とぐ》知《ち》の港があり、文字はちがうが本部の渡久地と同じ意の「渡口」「唐口」なっていた所である。

また読谷山は古くから海運の開かれた地で、一四世紀の後半に、浦添の察度が中国との通交を始めたとき、進貢船の船頭になった人も読谷出身で、進貢のときの貢物も、硫黄と馬が主であったので、馬の産地であった読谷山の馬を積んで、渡具知港あたりから船を出したものである。読谷山の馬については、北部地域のマキ(マク)として従前から馬を育てており、怕尼芝に敗れた仲北山系の按司の避難先に築城とともに、馬の放牧を始めていたのである。馬の牧については後述(第三章)する。

今帰仁への唐船の航行

本部半島にある今帰仁は唐船の出入りするところであった。親泊《おやどまり》は、老松にかこまれた平敷《へしき》部落と崎山との間に、青田がひろがっていた。昔は矩港《てーんなとぅ》から深く入りこんだ入江であった。親泊ナガナートゥから、兼次《かねし》・諸志《しょし》の後方にひろがる田圃《たんぼ》は、昔は入江で、潮も与那嶺までさして来ていた。やがて干潟になり、潮も上らなくなり、イップ川(の流す堆積土)が表面を覆って田圃になっていた。川尻のないのがそれを物語る。親川から流れるナートゥガーがあり、その下にトーシングムイ(唐船小堀)があったと伝えられている。この一帯の田圃も海だったのである。親泊は海中に砂の堆積した白洲《しらす》で、部落の両端がわずかに小高く海中に立っていた。字《あざ》今帰仁の西の端、小川のそそぐところをナートゥという。以前は船着き場だった。一四世紀、三山が鼎立《ていりつ》していたといわれる(異説もあり)頃、唐船がつながれたというトーシンダーは、それよりもずっと南の上の田圃の中にある。近くに残るともづなをつないだといわれる石には綱ですりへらされた跡が残っている。仲北山の時代、北山が勢力をふるった頃、東シナ海を渡って来た唐船をそこまで漕ぎ入れている。今では船の航行もなくその名も忘れかけられているが、ちゃんとチグチ(津口)という名がついている。唐船はこのチグチからはいった。親泊の東側にもトーシングムイが残っているが、今では田圃になっている。諸志と兼次の中間の海岸に、今はすっかり浅くなってしまっているトーシングムイがもう一つある。ここに大船を浮かべることは可能であったと前出の仲宗根政善はいっている。大昔は、ナガナートゥからさらに兼次の後をへて、諸志のナートウにまで漕ぎ入れた。与那嶺長浜にプナフキー(船浮)がある。今泊《いまどまり》には湊口にちなんでチェーグチ(津屋口)墓に、ピサチ(船の先)、ハミグムイ(甕小堀)、ハキジ(船掛け)などの地名があった。今ではその名もすっかり忘れられてしまった。わずかな期間に、海がこんなにも浅くなるものかと驚かされる。

今日の砂浜を見ると、わずか八、九〇年の間に、今帰仁の海はいちじるしく浅くなった。入江が干潟になり、干潟から潮が後方へひくにつれて、村人たちは次第に海から遠ざかり、ついに海を忘れてしまった。今帰仁は、もとは海を深く抱きかかえていた。伊是名、伊平屋、与論、沖永良部の島々も遠くに見える。

沖縄の海には珊瑚礁でできたリーフがあり、このリーフがその内側のイノーを守っている。イノーには産まれたばかりの魚やタコやイカ、貝類などがたくさんおり、リーフがこの小さな生き物たちを外の荒波から守っている。

今帰仁の海をはじめ山原地域の海は、次第に陸地から遠ざかってしまった。筆者が子供の頃、砂浜から先にイチャピシ（板干瀬）という海水の出入りする岩場があった。イチャピシの岩場の間にいる魚を釣ったものである。時には二〇センチほどのアカ（ジン）ミーバイ（ハタの一種）が釣れた。またウニやタコ、六〜七センチほどのアワビや五〜七センチほどのサザエなどの貝類、タコ、伊勢エビをはじめいろいろな魚介類が獲れたものである。ウニなどは、イチャピシ上で石で割って、海水で洗ってその身を食べたものである。しかし、今日ではその場所にはテトラポッド（消波ブロック）が敷き詰められ、イチャピシは見る影もなくなっている。

近くには塩屋湾があり、その奥にはトーシングムイと呼ばれた場所がある。また塩屋湾に面した田港集落がある。田港は方言で「タンミヤ」と発音されるが、元々は唐への港、トウミナトから転化したものと思われる。

読谷山の唐船の航行

彼《か》の海というものは、東シナ海が大きくはいり込んできている、浦添牧港と読谷山の間の広い湾のことであった。この平和な湾を、牧港、大山、真志喜《ましき》、伊佐、北谷《ちゃたん》の砂辺《すなべ》の浜、嘉手納《かでな》の海岸、それから比謝川を越えて読谷の海岸の大湾渡具知から残波岬、それをめぐって長浜の港あたりまで、海の漁にあいさつをして釣り歩いた。その間に、湾の外の広い海の彼方には、広大な唐土(中国大陸)が在る。

漁師、または船乗りであった泰期《たいき》は、察度によって唐への使者として派遣されている。泰期は、史料にはあらわれないが、仲北山時代、本部・今帰仁で民間交易していたが、怕尼芝に今帰仁世の主北山城が奪われとき、読谷へ移動した人物と考えられ、従前から中国、とくに福建《ふっけん》に通じていたと思われる。泰期は十年ばかりの間に七、八回も明国に渡り、そのつど、馬を四十匹とか硫黄千斤などと進貢し、明国からは、あやぎぬ、陶器、鉄器などを持ち帰った。それが正式の商売取引きとなり、季浩《りこう》という人が、陶器七万個、鉄器千個を持ってきて沖縄の馬と硫黄と取引きして帰ったこともあった。一三八六年の進貢には、馬百二十匹と硫黄一万二千斤を送っている。なお、仲北山系の船乗りについては、『歴代法案』や『明実録《みんじつろく》』に使者として多数派遣されており、このことは第六章で派遣された使者名を明らかにする。

残る波と書いている残波岬は、その「宇座の岬」(ウザンミサキ)ということであろうと思われる。このあたりに釣舟を出し、あるいは商船の船頭として航海に通じていた泰期は、察度王の進貢船に間に合って、読谷山や越来《ごえく》、北谷などの馬の産地の馬を十数匹と鳥島産の硫黄を何千斤、それから日本製の刀、銅、錫や、南洋産の蘇木、象牙などを積んで行った。南洋産の品目などの多いのを見ると、当時読谷山は南洋各地との貿易を盛んにしていたことがわかる。

泰期は読谷山の宇座《うざ》の人で、功なり名とげて「たちよもぃ」と、おもろにも歌われている人であった。ただ、この泰期については泰久（第一尚氏第六代王）という説もある。

本部半島から読谷山、牧港（英祖時代）など、仲北山系按司の関わる交易は、仲北山系の旧家に伝わる陶磁器や絹織物などからも中国大陸の福建や台湾などと交流が従前からなされていた。このことは『琉球祖先宝鑑』（三一頁）という史料が左証となる。

仲宗根若按司―今帰仁子（今帰仁城主避難）―仲昔今帰仁子・伊覇按司・瀬良按司・大湾按司・
　山田按司など
大湾按司―早死伊覇按司子孫継跡此人中華死葬子孫多有福建読谷山大湾比謝橋北表山御墓有
山田按司―子有両人早死伊覇按司子孫継跡中華南京死葬子孫有福建
瀬良按司―此按司台湾ニテ死葬子孫台湾多有

山原の海に浮かんだ船

鎌倉後期、モンゴル襲来以後も、日本列島と中国大陸との間には、双方からの活発な往来があったことは明らかである。文献に残っている事例だけでもそれは明らかである。記録に全くあらわれない唐船の往来も当然ありえた。発遣されても永仁《えいにん》の唐船や新安沈没船のように沈んでしまった「唐船」もあった。そうした唐船によって人も物もわれわれがこれまで予想しているよりもはるかに多く交流していたことは確実であった。

交易によっていろいろな物が運ばれたと思われるが、とくに塩と鉄、鉄器はその中でもっとも重要な物品だった。

どの民族でも決定的な意味を持っていた。そのような、この段階の人間の社会を維持してゆくうえに欠くことのできない基幹的な物資が、廻船《かいせん》によって恒常的に各地に分配されるようになっていた。当時の仲北山系の按司たちは大陸の福建との間には同質といってもよい社会が存在したと考えられる。福建や台湾と結ぶ、あるいはまた奄美諸島から南九州、さらに済州《さいしゅう》島、朝鮮半島を結ぶ同質の仲北山系ネットワークが考えられ、それによって仲北山の時代は今帰仁城主を中心に国頭按司、名護按司、羽地按司、久志按司などとの共同での交易、そして配分が考えられる。

沖縄の歴史的海上には、いろいろな名の、いろいろな役目を持った、いろいろな船が浮かんでいた。山原船《やんばるせん》、テンマー船、マーラン船、大和船、唐船、楷《かい》船、ヒーグルマー（火車船）、クリブネ、サバニ、久高舟、糸満舟、テーサン船などである。

山原船は、水密甲板《すいみつかんぱん》の技術を用いている点は和船と違うが、ほかにも、たとえば左右の舷《ふなばた》の飾りや船の反《そ》りが中国式であることや、真上から見ると短冊《たんざく》型甲板であることなど、中国船の影響が強く認められ、中国のジャンクとよく似ている。

柳田国男は『海南小記』にこう書いている。

「遠い国地の珍らしい文明を、先づ見て来るものは船であった。それ故に最初は蒲葵《くば》の帆を掛けて中国の物見の役人を驚かした島人も、久しからずして福州あたりの造船所に依頼して、新しい立派な進貢船を造らせ、次では那覇の船大工が其型に由って、大きい船を工夫するに至った。淋しい山原の磯山蔭で作り出す船が、西南数百里の外を走って居る中国のジャンクと、このようによく似て来たのも偶然では無かった」と。

沖縄では、ニーサーブニ(荷下げ船)といって、荷を筏状に船の横に吊って運ぶ船もあった。これは、台湾の筏舟、テッパイ(帆掛け筏)を連想させる注目すべき船である。

このように南西諸島の丸木舟以外の船の場合、トカラ以北の船は純和船であるのに対し、沖縄のそれは中国船の影響を強くうけた船であった。

主に海洋を航行していた船舶は、ペルシアの商人が乗り組んだダウ船であった。釘を使わず、本材を縫い合わせるようにして造られたこの縫合《ほうごう》船は、柔構造をもっているために、外海の荒波に強かった。インド洋と南シナ海を越えて、ダウ船は中国にやってきたのである。

ところが、唐末に起きた黄巣《こうそう》の反乱軍は、八七九年にペルシア商人の東ユーラシアにおける拠点であった広州《こうしゅう》を襲い、一二万人とも二〇万人ともいわれる多数の外国人を殺害した。その結果、ダウ船は東アジアから引き上げ、東南アジアに拠点を移した。この空白を埋めるように登場したのが、船体が隔壁によって仕切られたジャンクである。宋代になるとジャンクは急速に発展し、東ユーラシアの海の主役となる。

元代に海上交易が活発になると、ジャンクは東ユーラシアのそれぞれの海に適した形へ化を遂げ、発達する。その代表的なものは黄海を航行した沙船、東シナ海に適応した福船、そして南シナ海を航行した広船の三つである。

沙船はジャンクの隔壁を持つという本質を保ちつつ、遠浅の海岸が続く黄海に適応するために、船体を扁平にした船舶である。そのため、浅瀬に乗り上げても、横倒しになることがない。貨物を積載するスペースを確保するために、船首と船尾を方形にした。その形から方船とも呼ばれる。甲板が海面に近いために、甲板は樽のようにカーブを描いており、波を被ってもすぐに排水できるように工夫されている。

福船は主に福建で建造されたために、その名が付いた。東シナ海の深い海を安定して航行するために喫水が深く、船首は波を切るように鋭く尖り、船尾は方形を成して高々と海面からそそり立つ。

船尾には鮮やかな模様が描かれることが多いので、花屁股《かひこ》（色が鮮やかな尻）というあだ名を有する。岩礁を避けて狭い航路を進むときに、福船はその性能を発揮する。

広船は広東《かんとん》で造られた船舶で、その特色は全体が細長く、横に張り出した肋骨が頑丈に造られ、隔壁と一体となっている所にある。南シナ海は東シナ海よりも波が荒く、突然に横波を食らっても船体が破損しないように、こうした構造をもつようになったのである。広船は、遠洋を何日間も続けて航海することができた。

山原船のもともとの名はテンマ船で、今でも宮古・八重山ではテンマーである。伝馬船は日本古代と共通のよび名で、奈良京都時代に、陸上で旅人の荷物を馬に負わせて村々駅々をつないだ伝馬にもとづいて、沿海港々の本船との間の荷運びに使った運搬舟を、伝馬船ととなえた。

その荷運び舟を大きくして海洋の往還に使ったのが、沖縄の伝馬船、すなわちテンマー船であり、山原船である。

その山原船をマーラン船とも称したのは、伝馬船を馬艦船という文字にして、マーカン船＝マーラン船とよぶようになったものと考えられる。

本部・今帰仁と宮古

崎本部の突端スクバナ岬一帯はナークモー（宮古毛）と呼ばれている。昔、宮古船が暴風にあってこの崎本部の岬に漂着したことがあった。その船を、丘の上まで引き揚げたとのこと。それでこの毛（森・丘）をこれにちなんで宮古毛と称するようになったといわれる。

本部と宮古との関係をよく物語っているもので、本部・今帰仁の人との交流は、沖縄の海を考える上に見落としてはならないことである。宮古で謡いだされた民謡が、沖縄中に流行して、毛遊《もうあし》び歌として愛唱されてきた「ナークニー」の節は、とくに本部人によって歌いこなされた「本部ナークニー」が主、となってナークニーといえばモトブナークニーのことのようになっている。

長濱幸男《ゆきお》氏は、宮古島への馬の渡来は、遺跡出土の馬骨などから沖縄本島経由と考え、宮古島と沖縄本島の馬に関するつながりを解明するため、特に沖縄北部の牧に注目している。沖縄北部の牧には、九州、薩南諸島、奄美群島との古いつながりもあり、宮古馬のルーツ解明にも重要だと指摘している。宮古と沖縄島山原との交流・交易関係が考えられる。

本部・今帰仁の宮古商人の足跡

宮古の船人、あるいは往還の人々によって沖縄本島に移された宮古民謡の影響は極めて大きい。当時「道のきよらさや仮屋《かりや》の前、あやごのきよらさや宮古のあやご」を歌えない沖縄人は一人もなく、誰かが歌い出せばそれに合わせて皆の大合唱にもなると云われたが、この民謡の元節は、宮古島の「トーガネ節」であった。これが盛んになって、三絃《げん》の世界から色々な宮古人の生活を歌う歌が生まれた。「宮古から船出ぢゃち」の歌や、ときには「宮古人はあわれなもの、雨の降りわん風の吹きわん、くるすに船浮けて」という歌にもなって、海上を生活の場とする宮古人の生活を盛んに歌った。ここにあらわれるくるすとは黒潮のことである。

安里進氏は、考古学の成果から考えると、人の交流もないのに言語だけが日本語化するということはあり得ないので、宮古・八重山諸島で日本語化が始まるのは早くても一一世紀という。おそらく一二〜一三世紀ぐらいではないかと。この一一〜一三世紀の山北は仲北山の時代であり、各地の出土物からわかるように活発な交流・交易が展開された時代である。

「琉球人南洋通商の最古の記録」には、

「元延祐四年（一三一七）に琉球列島の一なる宮古島人は、元延祐四年、この頃には已に馬來半島の南端に通商したりしなり。而して江浙行省に於いでこの島人の話言に通ずるものあり、且つ「命發二往泉南一候二有レ人往一レ彼便帯二回本国一」といへば泉州と今の琉球少くとも宮古島との間には已に相当の往来ありしものと見ゆ。是れ明初に於いで三山諸王入貢の事ありし所以にして、而して元時已に南洋に通商せしかば、その貢物中に蘇木・胡椒等南洋系の貨物少なからざりしなり」と、婆羅公管下蛮牙古人つまり、宮古人が通行していたことを明らかにしている。

海を渡って、宮古の人と、本部の人とは珍しく、共通のものを持っていた。島の生活を立てるために海を渡り歩いたのは宮古の人、村の家族の生活を立てるために沖縄本島や北方の島々の港々を渡り歩いたのは本部・今帰仁の人であったとも言える。
戦後の混乱期、本部は鹿児島あたりの密貿易業者が本部に来て、そうめんやコンブとかいろいろ卸した場所でもある。

山原の民の生活

漁民の集落には形態上も共通の特色がみられる。集落は背後の農地や農村には背を向けるかのように、海岸に面した狭い地に密集しており、村の公共施設や広場はいずれも海岸と船溜《ふなだま》りに面した場所に位置する。

「ふな人」たちが山原船に帆をあげて島沿いに北に向かうとき、風が逆風で西北の方から吹いているときは、沿海からふだんより遠く水平線に船を進めて、半日でも同じところに帆をあげたまま静止していた。その風景のすばらしさはおおかたの人が経験してきたもの、それはじっとしているより沖の「くるす」に乗り入れて、少しずつでも北へ動いている方がよいにきまっているからであった。

無風のときはなおさらで沖の「くるす」に出て帆をあげているに越したことはないからである。風があろうがなかろうが船を出している山原船の「ふなとー」は海をわがものとしてふるまっていた。

このようなやりかたで沖縄本島北部を往還していたので、北部「山原」(国頭)に通う船ということで「山原船」と称するようになった。あるいは、金武間切の山の船材で、西海岸の茶谷《ちゃたん》や世良垣《せらがき》で建造された、すなわち山原建造の船という意味が重なっている。

船をあやつる船人たちは、船をつける海岸、港ごとに定宿のような民家があって、都合によっては幾日でも滞在した。そうして陸上にまで海の生活を持ち込んで、畑仕事、山仕事に日々を送っている農山村の人民に片時も海を忘れさせないようにした。

海があるゆえに、船が作られ、船人が出入りし、娘たちの一番ほしい機織りの道具の数々はこの船人たちが運んできてくれるのであった。このように信頼され、愛された船人たちは、それゆえに、海の上での精神生活は、きわめてきびしいものがあった。船が村々の浜を離れていよいよ出帆となるとき、船人は、そのなつかしい村の方向をふりかえってはならなかった。そのことは、もし船に来客があるときは、その客にむかって、

「るすに出ていくのであるから、うしろをふりかえったり、後を指でさしたりしないようにして下さい。いつも前の方を眺めていなければなりません。この海の上でのおきてを守らせて下さい」

と言いきかすのがその習わしの一つであった。

漁場の様子・魚介類の生態・漁法・天候の予知等に関して詳しい知識を有することも漁民集団に共通しており、他の新興漁村の追従を許さないものがある。海に関しては、とくに領海内の漁場の地形や海底の様子について、重要な区画や地点ごとに詳細な知識をもち、そこに棲息する魚介類の分布・食性・移動等の生態について、また潮の干満や潮流の季節や時刻による変化についても、豊富な経験

に基づいた知識を蓄積している。

一一世紀後半～一二世紀ごろの喜界島の大規模集落跡城久《ぐしく》遺跡で、鍛冶炉が多数発見された。琉球社会の農業が飛躍的に発展したのも、また豪族たちが武器として購入し領地の拡大につとめたのも一三、一四世紀頃のことであり、それには鉄器が決定的な役割を果たした。その鉄器を生産する炉の跡が、喜界島で発見されたことは極めて重要である。城久遺跡で製作された鉄器は沖縄本島まで運ばれたと指摘されている。

沖縄人の発見した星座

古代から海を行く沖縄の人はみな詩人であった。詩人として船旅をした。また旅立ちを送る女たちも詩人としての人格を保つことにつとめた女性の詩人たちであった。沖縄の最大の古典『おもろさうし』は、そのような海洋詩人による海洋の歌であり、船旅の歌、船歌でもあった。その中の一〇の巻「手楫《てかぢ》　選《ゑら》で　乗《の》せて」に出てくる「あがる三日月は」の歌は、八音の八行からなっているが、一句ごとに謡いはじめには、船をこぐときのハヤシと思われる「ゑ、け」という掛け声が記されている。（下はその意味である）

一　ゑ　け　あがる三日月は　　　　上る三日月は
　　　　　　かみぎや、かなまゆみ　神の金真弓《かなまゆみ》
又　ゑ　け　あがる、あかばしや　　上る赤星は
又　ゑ　け　かみぎや、かなまゝき　神の金鏃《かなやじり》（細矢）
又　ゑ　け　あがる、ぼれぼしや　　上る群星は
又　ゑ　け　かみが、さしくせ、　　神の挿櫛《さしぐし》、
又　ゑ　け　あがる、のちぐもは、　上る貫雲（横雲）は、
　　　　　　かみが、まなきゝおび　神の召される大帯

ということで、どの言葉も、日本古語そのままで、しかも日本古語研究の分野をはるかに越えた最古代的な語の集まりである。その中で宵《よい》の明星《みょうじょう》（金星）を「赤星《あかぼし》」といい、満天の星を「群星《むれぼし》」、横にたなびく横雲を「貫雲《ぬきぐも》」というなど、沖縄的感覚によって感じ取られた名詞は、日本古語をさらに突きぬけた、よりまさる日本語の古代性を発揮している。

このような壮大新鮮な感覚は、一五世紀以前の南洋貿易の盛んな時代の船頭たちによって得られたものであった。

沖縄の港を出帆した貿易船は、昼一日の航程で大洋の真中に出る。すると太陽が西の海にすっかり

沈みおわるのを待って、東の海から空にむかって三日月が上り、宵の明星が上り、空一面の星が次第に明るさを増して、その天上を浮き上らすかのように横雲がたなびく。

この大宇宙は、そのままで「神」そのもので、あの三日月はその弓であり、あの赤星はその弓矢の矢じりである。また、あの群星はその神が髪にさしておられる飾りの御櫛《みくしげ》で、あの横雲はその御腰にまわしておられる大帯（紳《しん》）である。

この神は、厳たる大宇宙そのままの大景観を「カミ」と観じたものであった。大自然そのままをカミとみたものであった。

この自然観、中国の哲学者老子《ろうし》、荘子《そうし》の功業《こうぎょう》の思うままにならない貧しさを原点として、何も所持しない「無」の哲学に対して、沖縄の海洋詩人たちは、南洋貿易の成功、功業の思うままになる「有」に立脚した天体肯定、海洋肯定、人間肯定の思念の上に立っていた。

たとえこの完全人間の状況が瞬間のものであったとしても、この瞬間こそ永遠であり無限にちがいない。普通の煩悩的人間はそれに堪え切れないだけのことである。沖縄の船頭詩人たちは、この永遠に生きた、世界無類の幸せものであったといってよい。恐れるものがなかったからである。そこで彼らは掛け声高く歌ったのである。

ゑ　け　あがる三日月は

と。

そこには天体を歌い讃《たた》えているのに、海洋の讃歌となっており、宇宙の讃歌が人間讃歌となって、自然の貴《とうと》さを如実に歌いあげているのである。それは沖縄の見つけた「星星」ということもできる。あるいは各星座を総合した全星座を「神の座」としたものともいえる。あかぼしを、それに矢種《やだね》の竹の部分を想像せしめて矢じりを想わせるような技術には、星々の間に線を引いていろいろな星座を作ったギリシア神話の技法が想い合わされる。

そうして、その沖縄人の発見した「星座」としての大宇宙は、直ちに沖縄人の「海図」であった。「夜の海図」といったらもっとはっきりするかも知れない。その海図を空によみながら、ジャワの国に向かって船を走らせ、故郷の沖縄を指して船を走らせた。

昼の航海は太陽があるから、その太陽が東《あがり》の大主《うふぬし》としてのぼってくるときには、その太陽の中で天の鳥(黒いからす)の舞いを舞うさまを見物しながら、その太陽の入る西《いり》の国である「唐土」に向かって船を走らせた。中国大陸の場合は、昼本位の見方で、沖縄の人は古《いにしえ》から中国の福州をだれでも熟知していた。

第二章　航海における東シナ海

「ベトナム難民」

一九六四年（一九六五年ともいわれる）から始まったベトナム戦争があった。何十万人ともいわれる人々が粗末な船に乗り命がけで海を渡り、「ボートピープル」と呼ばれた。その当時ベトナムからベトナム人たちが今日でも信じ難いような木造の老朽船で日本にたどり着いた。中国大陸の南部を出発した、いわゆる「ベトナム難民」の乗った今にも沈没しそうなボロ木造船が季節風や黒潮本流、また対馬海流に乗って、沖縄島、九州南部、長崎県の福江島の三井楽《みいらく》などにぞくぞくと到着した。このような環東アジア世界では中国本土における戦乱が起こる度に、古代から難民が海上に浮かんだ。現在とくらべて海上交通の比重がはるかに大きく、国家による規制力も小さかった近世以前に遡れば、こうしたこの環東アジア地域の位置づけがさらに鮮明であったと思われる。

中国大陸、朝鮮半島、沖縄諸島からの船がかなりの頻度で五島列島に「漂着」している。これは文献史料のもつ制約から考えて、まず間違いなく氷山の一角にすぎず、役人に報告されることのない意識的な「漂着」は、おそらく日常的といってもよいほどだったと想定される。

福江島の漁民にとって、朝鮮半島や中国大陸に渡るのは「隣に行く」ようなことだという。また今もこの島には、ハングルや現代中国文字が記されたものや、さらに遠くベトナムあたりから流れてきた漂流物もある。そして、五島列島の小島では、「チング」という友人を意味するまぎれもない韓国語が日常の会話で用いられている。

南西諸島や日本の海村では嵐のすぎ去った日のあくる朝は、人びとの関心が海岸の波打際に集中する。そこには海からの思いがけない贈物が届けられている。それらは家を建てるための材木であり、食糧とすべき海の動物たちであったが、ときには、聞きなれぬ言葉をあやつる人たちもまじっていた。それら漂着者の瞳は、日本列島では一度も見かけたことのない他国の空の色を映していることがあった。

文化の伝播

台湾から九州までの島々をのぞみながら次々に北上してきた文化の流れは否定しようもない。細々とはしていてもその集積は大きなものであり、どれほど確実性が高いかしれない。南西諸島は交通路であると同時に文化ルートでもあった。その媒介をなす手段は舟であり、古くは丸木舟がその中心を占めていたにちがいない。ヤマト文化の形成に伴い、北から南への文化伝播も活発化し、丸木舟はしだいに大型の船に変わっていった。

わが国出土の舟で、長らく最古のものとされた舟は、千葉県加茂遺跡（縄文前期）のもので、丸木舟であった。丸木舟以前に、筏《いかだ》舟などの存在も考えられるが、それらは腐蝕しやすいためか出土を見ていない。

丸木舟の用途は、沿岸漁撈や海上・河川・湖沼交通などであるが、和船が発達した後もよく使われ、近年においても東北や南島では各地で用いられた。たとえば、種子島では、瀬の多い磯浜での建網《たてあみ》漁や沿岸でのトビウオ漁などに使うほか、折り目ごとの里帰りには家族を乗せて走ったりした。明治の頃までは、大隅《おおすみ》半島から種子島まで丸木舟で渡航した者がしばしば見られた。トカラ列島でも沿岸漁撈に用いるほか、島嶼《とうしょ》間の交通手段としても用い、奄美大島では、丸木舟で河川をたどって畑作をしたり、砂糖樽を運搬したりした。沖縄では、底の浅い丸木舟は珊瑚礁を気軽に運航できて便利であった。

このような特徴を持つ丸木舟であったので、縄文時代以来、ずっと使用されてきたのである。しかし、丸木舟の重要性はこの利便性だけにあるのではなく、むしろ、古い時代、人々がこれに乗って海上を往来し、新文化を島から島へと伝えた文化伝播手段としての意義にある。また、和船は丸木舟から発達した。

竜王をトーテムとしたのは、太古においては淮河《わいが》沿岸の舒夷《じょい》・淮夷であり、降《くだ》っては春秋《しゅんじゅう》戦国の越《えつ》の人々であった。越の後身である漢代の南越人もまた「断髪《だんぱつ》・文身《ぶんしん》」して水中にもぐり、竜王の加護を信じていたという。竜の姿になぞらえた竜舟に乗って水上を渡り、競漕する「竜船競漕」の風習の起源はきわめて古く、つとに三国時代（魏・呉・蜀の三国が分立した二二〇～二八〇年）のころの記録に見えている。また南宋の都杭州では、竜王をたたえる水上の祭礼として、皇帝が清明節に竜船の競漕を見物するのが恒例であった。その風習は今日の福建・広東に残り、沖縄のハーリーという船漕ぎの競争や長崎のペーロン競漕にも伝わっている。またその競漕の習慣は、ベトナムからタイの沿岸地方にも広い範囲にわたって保存されている。

竜神信仰は韓国の東海岸と南海岸をひろくおおっている。海底に他界を求めるというのには、竜が水神であり、竜宮こそは死後のたましいのゆくべきところという観念があった。民俗学者の小野重朗《おのじゅうろう》氏は、綱引きの綱は竜神にほかならないとし、また琉球と酷似する綱引行事も分布していると指摘している。

琉球、奄美、九州の西海岸、天草、五島は、この竜神の文化圏であり、さらにそれを延長すれば、韓国の東または南海岸とむすびつくともいわれる。これらは古代中国からタイ、インドなどにもみられる竜神信仰である。

豊後《ぶんご》臼杵《うすき》の祇園祭《ぎおんまつり》にひさごを頭につけ、ひさごの模様のついた着物を着る風習がある。これは八坂神社の祭礼にも同様のことがおこなわれたようで、自杵からはじまったと考えられている。久多羅《くたら》木儀一郎《きぎいちろう》氏の「臼杵祇園神幸祭年表」によると、この臼杵祇園の神事がはじまったのは寛永十九年（一六四二年）のことであり、その祭礼にひょうたん冠りがはじまったのは、それから下って寛文八年のこととなっているので、この神事を古くさかのぼらせることはできないかも分からないという。しかしこの祭礼をおこなうのが臼杵の津留に居住するシャアと呼ばれる家船《えぶね》の人々であるという事実に注目して、経済史学者の羽原又吉《はばらゆうきち》はこれを南中国の蛋民《たんみん》とつなげて考えている。すなわちシャアは平家の車を守る舎人からきたという俗説を排して、福建省に多い畲《シャ》と呼ばれる種族とのむすびつきを推察する。この畲人には槃瓠《ばんこ》（盤古）の子孫という伝承があり、犬の子孫であると自称しているという。そこには盤古神話のひさごがあらわれるのである。果たして豊後《ぶんご》のシャアが中国南部の海人の分流であり、ひさごが南中国を経由して、九州と朝鮮南部に渡来したという植物学者の説がある。ひさごを宇宙とみなし、人間もそこから生まれたとする世界観が伝わらなかったはずはない。福建の畲人は犬頭《けんとう》始祖の説話をもっており、それが隼人につながっていると考えている。

今日、槃瓠を祖神と仰ぐ代表的な民族は華南の広西《こうせい》省、西江《せいこう》流域に住む傜《ヤオ》人である。また湖南・広西・貴州の三省に住む苗《ミャオ》族の一部も槃瓠を信仰している。

高倉と千木

高倉《たかくら》は建物の床を高くし、柱で支える構造で、穀物を貯蔵するための倉でネズミの害や湿気などを防ぐために通風を良くした倉である。構造は、木造の萱《かや》ぶきが多く、建物の大きさに応じて支柱（二〇〜三〇センチメートル径）を四、六、八本などと配置し、床高は一・五〜二メートルである。

沖縄島北部の大宜味村謝名城《じゃなぐすく》の支柱が四本（往時は、四、六、八本）の高倉が名護博物館に移設されている。また喜如嘉には六本の支柱、名護市我部祖河《がぶそか》には九本の支柱の高倉が現存している。また高倉は、奄美群島や八丈島にも現存し、古代には日本国中に存在していたと考えられる。高床倉（高倉）は台湾やフィリピンなどの南方地域にその起源があると云われる。

高倉は、インドネシアのバリ島、ロンボック島、ティモール島にもみられ、本来の穀倉は支配階級のものだけが所有する特殊な施設であった。『日本書紀』巻第三　神武天皇（即位前期戊午年六月）には、神武天皇が紀伊の熊野に進行したとき、土豪の高倉下《たかくらじ》（タカクラジノ命）が霊剣フツノミタマを献上する話がある。この高倉下は神名を「高い倉の主」の意味で、収穫した穀物（稲）を貯蔵し、穀物を守り、穀物の豊かさを保証する神である。和歌山県新宮市の神倉神社や三重県伊賀市の高倉神社、名古屋市熱田区の高倉結《たかくらむすび》御子《みこ》神社などがあり、各地に高倉下が居たことがわかる。

住居としての高倉に似た作りの住居が、東南アジアに広く分布する高床住居（杭上《こうじょう》住居）である。北部の山岳地帯や北中部に住んでいるタイ族などにみられる。湿気の高い地表面から床面を離し、床下からの通風が耐暑の役割を果たしている。またタイ族のように、山の厳しい気候に対応できるような高床式の家を建てているのもみられる。

千木《ちぎ》は屋根の両端で交叉させた部材であり、鰹木《かつおぎ》は屋根の上に棟に直角になるように何本か平行して並べた部材である。どちらも古墳時代には皇族や豪族の邸宅にも用いられたが、現在では神社の屋根にのみ特徴的にみられる。

中国雲南《うんなん》省のワ族やタイ王国のラワ族・ラフ族・アカ族・カレン族などの高床式住居にも千木はあ

り、彫刻もされており、伊勢神宮の千木の「風口」と同様の切りこみも施されている。また、紀元前の滇《てん》国の青銅製の神殿にも見られることから、千木の起源は太古まで遡るものとみられている。この青銅製の神殿に、神社建築の二大原型とされる「神明造《しんめいづくり》」と「大社造《たいしゃづくり》」の源流が認められるとされる。東南アジアにおける千木のある建築文化圏ではウシの供犠が行われていると大林太良は指摘しており、インド東北部のアッサムでは千木を「牛の角」と呼び、千木下の破風《はふ》にも牛角をつけている。

その外観が日本の千木に一番近いのは、グエバ・アカ族の酋長宅のものであった。もっともそれは角にあたる部分だけのもので、日本の農村の小社に見られるようなものである。

高倉、千木や鰹木などを置いた家のほかには、注連縄《しめなわ》のかかった鳥居、高床などがみられる。雲南のナシ族、ハニ族、イ族など、またタイ北部のアカ族、ワ族。カレン族等には祖霊信仰、アニミズム、をはじめこんにゃく、わさび、赤飯、餅など日本文化に酷似した習俗やありふれた風景が見られる。

第二次大戦中に南方に派遣された日本の兵士たちは、彼の故郷を偲ばせる生活や慣習を西南太平洋の島々やアジアの大陸で見出して、奇異な思いに捉われたという。八重山の郷土史家牧野清氏はそのエッセイの中で次の話を伝えている。彼が一兵士としてインドシナの駐屯部隊にいたとき、ユエ市に近い城下町にふしぎにも八重山とおなじかっこうのカヤブキの集落があるのを見つけた。隊長の許可を得て見に行ったところ、それは八重山の屋敷と寸分も違わなかったという。同じようなものが現実に実在していたということは何を物語るか。これこそは個人の体験のまえに、倭族として黒潮にのって南方からやってきた民族としての先行体験を日本人がもっていることの証左にほかならないと谷川健一は指摘している。

呉音と漢音

漢字の読みで、呉音と漢音、唐音がある。

漢音は七、八世紀、遣唐使や留学僧らによってもたらされた唐の首都長安の発音（秦音）である。呉音は漢音導入以前に日本に定着していた発音で、通説によると呉音は中国南方から直接あるいは島伝いに伝わってきたと考えられる。

呉に討たれて倭人は呉の領民になった。その後、呉が越によって滅ぼされた。そして後漢《ごかん》の末期になって、江南《こうなん》の地に土豪の孫堅《そんけん》が台頭《たいとう》し、その子孫策《そんさく》が江南を平定し、その死後弟の孫権《そんけん》が国を継承した。孫権は魏の曹丕《そうひ》の代の呉王に封ぜられたが、西暦二二〇年には独立し、建業《けんぎょう》（現在の南京）に都して二二二年には呉国《ご》として呉王朝を創始した。

四代目の孫晧《そんこう》時代の末期に、この呉音をはなす一団が日本西部や南西諸島に漂着し、その後制圧し、七、八世紀までは呉音が大和朝廷とそれ以南の地や南西諸島で使われたと思われる。その背景については第八章で明らかにする。

ウナリガミ信仰と船霊信仰

ウナリガミ信仰では、琉球文化圏において、男の兄弟の旅に際して、その姉妹すなわちウナリの髪の毛や手サジ(手拭)をお守りとして持って行く。これは、トカラ以北の文化圏においては船霊《ふなだま》の御神体として幼女の髪の毛などを納めるようになる。

船霊の神体がなく、代りに髪の毛や手サジなどを霊力の依代《よりしろ》として携行したウナリガミ信仰がわが国の最も古い航海守護の民俗であり、基層文化であるといってよく、その上に、トカラ以北の文化圏の和船の発達と共に成立した船霊信仰がトカラまで普及した。一方琉球文化圏には中国の媽祖信仰が伝播し、進貢船や中国系久米島人などを介して普及したが、さらに唐船などによって薩摩半島や長崎、北九州から全国へと点々と普及していった。しかし、一般の和船の守護神はやはり船霊で、それが主流を占めていたと考えられる。ここで注目しなければならないのは、媽祖信仰も、妹が兄の海難をいたみ、再びそのようなことがないようにとみずから犠牲になって船乗りたちを助けるというウナリガミの原理に立っていることである。『日本書紀』には、ヤマトタケルが相模《さがみ》(神奈川県)から上総《かずさ》(千葉県)に渡ろうと船で沖に進んだとき、急に暴風が吹き荒れ、漂うばかりであった。その時同行していた妃のオトタチバナヒメが波間に身を投ずると、暴風はすぐとまり、船は岸に着くことができたとある。したがって女性がその霊力によって近親の海の男を助けるというウナリガミ信仰は、東アジアにひろがる広い民俗であるといえる。助けるというウナリガミの原理に立っていることである。

漁民や航海者にとって、船は生命を託しただいじなものであるからその新造には鄭重《ていちょう》な儀礼を伴うのも当然である。そのような儀礼は、進水式、および船祝いの二つにわけることができる。

進水式は「船おろし」の呼称で親しまれ、それをもって船は、船霊を奉持した一個の生命体として誕生するが、トカラ以北の文化圏では南の種子島から北の佐渡・青森までだいたい同型式の儀礼が見られるのに対し、琉球文化圏になると若干違った様相を見せる。

琉球の事例では船おろしの司祭者が女性神人であるのに対し、大和では男性船大工であるという対比を示す。また船おろしの前夜に祀るのは両文化圏で共通するが、琉球の場合、船霊を祀るのではなく村落神などが祝福にやってくるという違いがある。サバニなどの小舟の祭りは船主の姉妹が担当し、姉妹＝ウナリガミ／船主という守護関係をなしているのに対し、トカラ以北では船霊に船主の娘あるいは妻の髪の毛を納めるところから、娘・妻／船霊／船主という守護関係が成立している。両者は基本的には同じ構造の関係であるが、琉球の場合が原初形式であり、トカラ以北はその発展形式であることは容易にわかる。

種子島の家祈祷《やぎとう》と船祈祷の共通性から、家大工と船大工の技術の交流を指摘できる。さらに山の神の意識が船おろしにあるように、山の神が船に関与している点などから、船を人格と認めてタマが宿るべきものと考えて、ウナリガミ信仰を母胎にして船霊信仰がトカラ以北において発達したといえる。

船霊の歴史は、文字の上では八世紀から始まるが、実際には古代末から中世にかけて普及を見、特に種子島やトカラには中世に伝播したと考えられる。

南西諸島には古い文化が残存しているといわれる。しかし、よく見ると、いかなる文化も停滞のまま存続するという例は極めて稀で、外部からは停滞に見えても内部的には相応の発展をし、また、それなりの完成を目指しているものである。古来、「道の島」などといわれてきた南西諸島の文化は、実際は南北の影響をうけてそれ相応に発展していると見なければならない。ただその内部発展の仕方は、一定の地域内においては、地理的、経済的、その他の条件のもとで、その条件に適合した形で行われるものである。こうした意味においてはかえって原初の形を探りやすいものといえるが、それを外部から一見しただけで、発展しない文化、停滞している文化ときめつけるのは早計である。「農耕に適さない」「陸路が整備されていない」などの現代的視野での解釈は、当時の状況の判断を誤らせるので注意を要する。南西諸島がまさにそのような地域なのであり、丸木舟などはその指標と見なされるべきものである。

季節風と南島の人々

帆船の航海にとっては、季節風の知識はきわめて重要である。南西諸島は島々が南北に分布しているので、北風や南風は航海につごうがよい。しかし、北風や南風であればどれでもよいというのではなく、永年の経験の結果、良風はおのずから決まっている。トカラ以北でいうアラバエは、旧五、六月に吹く新南風であるが、これを奄美ではアラべ、沖縄ではアラベーとかヘーマイといい、帆走によく使われる風である。旧八、九月に吹く初秋の北東風をトカラ以北文化圏ではアオギタというが、この風が吹くと海はどこまでもアオアオとし、それは白っぽい冬の海とは全く違う。アオギタは臆病者には見せるなというくらい強く吹く風で、船は矢のように走る。種子島ではこの風を利用して琉球旅をし、交易した。そして、翌年の梅雨上がりにアラバエを利用して帰ってきたのである。アオギタを奄美や沖縄ではミーニシ（新北風）といい、夏の終わりと冬の到来とを予告する風である。

　トカラ列島の小宝《こだから》島では旧四月に吹く風をホシアゲというが、沖縄本島ではこの風をフシアガーという。フシアガーは星上げの意味であり、夜明け方、サソリ座が上る頃に吹く風で、南東から北西の方角まで変化しながら吹く強い風である。「フシアガーがくるぞ」と言って、小型のサバニの出漁は見合わせるのである。

　沖縄本島では、ニンガチカジマーイというこわい風も吹く。これも風向が急に南から北へと変り、しかも強い風なので、小型帆船などは転覆の危険性がある。ニンガチは旧暦二月、カジマーイは「風まわり」のことで、冬から春への転換を告げる風であるが、朝と昼、晩では風向が違う。この風は、台湾坊主《ぼうず》ともいい、わが国では一般に春一番という。

　宮古群島の大神島で風の言葉で「とよみやにし」というのがある。にしというのは南島では北風をさす。とよみやは豊見親で、「鳴りとよむ」つまり有名なひと、という意味である。豊見親という敬称を与えられた宮古の豪族が首里王府に伺候《しこう》して、帰りの北風を待つときに吹き出す風が「とよみやにし」である。それは初夏の風であり、おそらく旧四月上旬の清明祭のころに吹く北風をいう。風の呼称として、そこには自分の島の代表の有力者のことを気づかっている孤島の心情がある。

また大神島には「すーどぃにし」という北風もあった。すーどぃは素鳥、つまり白い鳥のことである。白い鳥が飛んでくるころに吹く北風をそう呼ぶのだが、それはまえの「とよみやにし」とはまた季節が少しおくれるのである。「かーすぃばい」というのは蝉《かーすぃ》の鳴く頃に吹く南風《ばい》のことで、この蝉が鳴き立てるころには南風が吹いて、波のうねりが大きくなるので、船は注意を要する。

東シナ海や南シナ海を特徴づけるのは季節風（モンスーン）である。季節によって、風向きが変わる。帆船を操る船乗りはそのことをよく知っていた。

中国南部の船乗りたちの知識を一八世紀に集成した航海教本『指南広義《しなんこうぎ》』（程順則（清）、国立国会図書館デジタルアーカイブ）には「四月上旬の清明の後は、地気が南より北に通じ、南風がつねに吹くようになる。一〇月下旬の霜降《そうこう》のあとは地気が北から南へ通じ、北風がつねに吹くようになる」とある。夏は太陽に暖められた大陸に向かって、南部ではインド洋方面から南西、北部では太平洋上の高気圧から南東の風が吹く。逆に冬は冷えた大陸から吹き出す北東・北西の風が強くなる。

季節による風の交替は、海をとりまく環境に強い刻印を与え、そこに住む人びとの生業や文化に大きな影響を及ぼしてきた。熱帯・亜熱帯に属する地域では、一年が多雨と少雨の時期に二分され、モンスーンは雨季の代名詞になった。温帯地域では交替の合間が独立し、四季という季節観が生まれた。四季を有する地帯にも相違がある。南シナ海北部から東シナ海・日本海南部の人びとは、時間差はあれ「梅雨」という季節を共有している。

季節風だけが風ではない。『指南広義』の記述はさらに「風の大きく烈《はげ》しいものを颶《ぐ》（暴風）といい、その甚《はなは》だしいものを颱《たい》（台風）という。颶は常に突然発し、颱は次第に起こる。颶は瞬発的に吹いたり止んだりするが、颱は日夜あるいは数日止まずにつづく」。

「雲が東より起これば必ず東風が吹き、西から起これば必ず西風が吹く。南北も同じだ」。「雲片が互いにまとわり集まってきて日光を囲めば風が起こる。雲行が急なら大風、日や月が瞬《まばた》けば大風だ。雲脚の日色が赤い、昼に金星が見える、オリオン座がチカチカする、みな大風の兆候だ」。「気流が速いとき、大気が不安定なときは早めの避難や対策が必要だ」。

「春夏、天が暑く熱した日の午後には、雲が沸き雷鳴が轟いて必ず暴風がある」。「日差しのきつい日はスコールがつき物だ。穏やかな日和を知るには早起きが必要だ」。「起きたらまず四方を観察し、天色が明く澄んでいたら夜明直前に解纜せよ。午前八時ごろになっても天色変わらず微風が吹いていれば、順風か否かを問わず、そのまま船をすすめよ」。風向は順風でも、風が強すぎれば大波を起こす悪風になる。

航海は、アラバエやアオギタのような典型的な季節風ばかりを利用するだけでなく、年間に吹くさまざまな南風や北風を、時には逆風をもこまめに利用して帆走するのである。逆風を利用してジグザグに走ることを、沖縄ではマギフニ(曲船)という。

トカラ列島では、旧暦三月に西の風が吹くと奄美大島へ渡り、数日後に吹くコチカゼを利用して帰島した。帆船の旅は、旧暦三月から八月が最適とされる。山原船は、旧暦四月のニシ(北)風で沖縄本島から宮古島へ渡り、旧暦五月のボーショウ(芒種《ぼうしゅ》)の風やカーツ(夏至)の風で帰沖した。なかには、旧暦九月に数日間吹きつづけるスサンスという南東風を利用して帰る船もあった。

沖縄諸島にあらわれる星座

日本の本州のあたりで南の地平線ぎりぎりに見えている星座も、もっと南の沖縄あたりでは、もっと空の高いところに見えるようになる。また、本州では見えない「みなみじゅうじ座」つまり「南十字星」が、南の水平線の上に姿をあらわす。南西諸島で観察しやすい星座は、次のとおりである。

航海に使う羅針盤の形を表した星座のらしんばん座、南天(南半球の空)の星座で、船尾を表すと言われる美しい星座のとも座、南天の星座で、帆船の帆の形をした星座のほ座、南天の星座で、船の骨組みの形をしている星座のりゅうこつ座、みなみじゅうじ座、南天の馬人の姿をした星座で、ふたつの一等星が輝いている星座のケンタウルス座、ケンタウルスにヤリで突かれるオオカミの姿をした南天の星座のおおかみ座、右手に抱えた矢の中から一本を左手に構え、腰蓑《こしみの》を身につけて立っているネイティブ・アメリカン（アメリカ大陸の先住民）の姿のような星座のインディアン座、初秋の宵の南の地平線上で、いて座の南に接して見える星座で望遠鏡のかたちをしたぼうえんきょう座、夏に南の空に現れる。さそり座のすぐ南に接する小星座で古代ギリシャの祭壇の形を表した星座のさいだん座、船乗りが使った直角定規と直定規を重ねた形を表した星座のじょうぎ座、南天の星座で、航海の時に測量に使われるコンパス形の星座のコンパス座、絵を立て掛ける画架の形を表したがか座は、南半球の星座で、冬の宵の地平線近くにかろうじて見える。魚の「カジキ」の形をした星座のかじき座、望遠鏡の方向を合わせるための十字に切られた線のことを表す南天にある星座で、石垣島や宮古島から見やすい星座のレチクル座、鹿児島県よりも南の地域に限られ、中国の伝説の鳳凰をモデルにした星座のほうおう座、秋の南天に見ることができる南アメリカに生息するくちばしの大きな鳥、巨嘴鳥の姿を表した星座のきょしちょう座、南天の星座であるが、日本最南端の有人島である波照間島からも星座の全域を見ることはできないといわれる星座で、振り子時計の形をした星座のとけい座がある。

南西諸島の星については、曽我《そが》どん星（牽牛織女星《けんぎゅうしょくじょせい》）、船方星《ふなかた》、逆枡《さかます》（北斗七星）、スマル（スバル）、子《ね》の方星《ほう》（北極星）などの名称があるが、夜間航海には北極星《ニヌファブシ》が使われる。北極星は古来、海上の道案内の道標であった。沖縄の進水式において、船首を北極星に向ける。悪石島《あくせき》から名瀬《なぜ》へ航海する時は、北極星を真後ろに見て進むと、方針も使わずに無事着くといわれた。しかし、ほかの星は時間的にまた季節的に位置が変化するせいか、それを逆に十分利用するまでの星座の知識は発達しなかった。

利用したのは北極星ともう一つ、沖縄本島で旧暦四月の夜明け方、サソリ座が上ってくる頃に吹く強風フシアガー（星上げ）は危険であるというような戒めがある。

海流の影響

帆船航海の場合には、風に注意するほど潮には注意しない。

種子島近海の潮は、大隅半島や錦江《きんこう》湾を控えて雑多な潮流を形成しているが、満潮の時は潮流は北流し、干潮の時は南流するといわれ、中・近世の種子島―鹿児島航海は満ち潮を選び、帰島は干《ひ》き潮の時を選んだのである。また南島の漁師たちは、起床するとまず山肌を眺め、琉球竹《りゅうきゅうちく》の揺れ具合から風の方角と強度を観察し、漁撈に適するかどうかを判断する。

トカラ列島の中でも小宝島の潮流は激しい。周囲約四キロメートルの小宝島の潮流の変化が最も激しい。東シナ海を流れる最大の海流である黒潮は、この小島を西側から直撃するのであるが、その表層の潮流は潮の干満と共にさまざまな方向に変化する。小宝島の主な潮流は七種類あるが魚のいる潮といない潮との別がある。

海流として重要なのは、何といっても黒潮である。黒潮は、フィリピン群島から日本列島までの数千キロメートルにわたって、幅約一〇〇キロメートルの流れをもつ太平洋最大級の暖流で、海洋の気候や資源はもちろん、沿岸の生態系にも大きな影響力をもっている。だが、かつて航海者や交易者以外の東アジア海域の旅人や生活者にとって、黒潮はあまり身近な存在ではなかった。この海域の船の活動は、主として島嶼のアーチによって囲まれた縁海の内側で展開されていたからである。もちろん、東シナ海南東部では黒潮が回廊を通過している。しかし、深さ数千メートルに及ぶ黒潮の流れのすべてが、水深の浅い東シナ海に入るわけではない。一部の流れは海溝壁にそって琉球弧の外側を北上し、回廊から出てきた片割れと四国沖で合流する。東シナ海の黒潮は流量も流速も太平洋上の半分程度に減退する。「黒水」「黒水溝」という琉球に向かう中国使節が記した表現も、大陸棚と沖縄トラフの深度差に出来《しゅったい》し、流れを意識してはいない。例外は、回廊からの出口にあたるトカラ列島近海で、東に方角を変え合流点に向かって勢いを増す様子は、古典の「落漈《らくさい》」(海の際の滝)になぞらえられた。ただ、何事もなく通過したという記録もあるので、季節や風の状況など外部要因の影響も大きいと考えられる。黒潮を熟知していた古代の航海者や海人にとっては、それほど問題はなかったと思われる。

東シナ海に入った黒潮の一部は、さらに分かれて日本海に入ってゆく。これが対馬海流である。この暖流は、冬に日本海を渡ってくる北西季節風に大量の水蒸気を供給し、日本海側各地に大雪を降らせる原因となっている。また、一七世紀の後半ごろまでは、朝鮮半島や九州北岸、山陰地方からは、船で若狭湾まで来て、そこで物資を陸揚げし、琵琶湖と淀川を経て、京・大坂へと運ぶことが多かった。海流のない瀬戸内海より対馬海流に乗った方が、早く上方《かみがた》(京都およびその周辺)に到着できたのである。

黒潮というとだれでも日本列島ぞいに流れて太平洋を北上する暖流を思い浮かべる。その海水の色が藍黒色を帯びているので黒潮とよばれている。太平洋の赤道の北側の方から流れ出して、フィリピン群島と台湾に突き当たって北に向かい、沖縄諸島、薩南《さつなん》諸島を北上し、ずうっと日本列島の近海を流れて、千葉県の犬吠埼《いぬぼうざき》の沖に至って沿海を離れ、遠く太平洋の彼方に去ってしまう。それで日本海流とよぶこともある。

海洋の中を、藍黒色の川が、はっきりと目に見えて流れている。その流れの水の温度は、他の部分より温度が高い。それでこの海流に沿う所は、たとえば鹿児島の志布志《しぶし》湾の枇榔《びろう》島、宮崎県の青島などのごとく、熱帯性植物の繁殖地でもある。これらの小島に、沖縄と同じくクバ（蒲葵《びろう》）などが繁茂して熱帯性植物の原始森林をなしているのは、暖流の、黒潮のおかげである。

『古事記』の仁徳天皇の歌に「あぢまさの島も見ゆ」という「あぢまさの島」もこのような熱帯性植物の茂った「蒲葵島」の類である。この「びろう」を「檳榔《びんろう》」の字にあてるようになったのは、よく似ているので混用するようになったものと思われる。日本本土に檳榔はないからである。沖縄にはたくさんあって、三十メートルにもおよぶ「びんろう」が空たかくぬきんでいるものもあり、その羽状の復葉を天になびかせていた。

沖縄では、昔から藍黒色をした海の深い部分を「くるす」とよんできた。遠浅《とおあさ》に対する深海の部分である。この浅瀬と深海との区別の認識の強さは、海洋の国、琉球・沖縄民族が、ひとりひとり、自分の海図を胸の中に秘めていたということになる。

外海に出るときの海図、陸を見ながら走るときの海図、船をつける港の岩壁をただす海図、海峡を通るときの海図、潮の流れの方向と強さを記した海図など、そのようないろいろの海の地図を、一人のこらず胸の中に所持していた。それをすべて記憶していたのである。

入江になった所でも、海水の黒い部分は、「そこはくるすだ」と言って心を配った。

沖縄本島の太平洋側の海洋航路の中心であった平安座《へんざ》島と本島の屋慶名《やけな》との間の南北四キロメートルばかりの潮路は、干潮になると歩いて渡れる、馬車、自動車でも通れる海であった。潮が満ちはじめたときに村を出たために途中で首の高さまで満ちこめられても、東側の浜島との間には潮流の「くるす」があることを知っていたので、その深みに迷い込み、さそいこまれるようなことはなかった。また方向を西側に取りすぎると、金武《きん》湾の「くるす」になっていることがわかっていたので、魚族のように適当に身を海中に処して無事に目的を達した。

これは一般の住民のことであるが、山原船をあやつって沿海の運輸交通の便をはかっていた専門の船乗りにとっての「くるす」は、沖の「くるす」であった。「くるす」とは、黒潮のことであった。「くる」は「黒っぽい」、「す」は「潮」である。

彼らは沖の「くるす」（黒潮）をよく知っていて、その藍黒の色、流れの方向、うず巻きの具合、それに乗って移動している魚族のことまで感知していた。そして彼らは、海洋を神のごとく尊敬し信仰してそのまにまに帆船をあやつって悠々と生活した。このような船で暮らす人を、世間では「ふなと（船人）」と称した。船の人ということである。

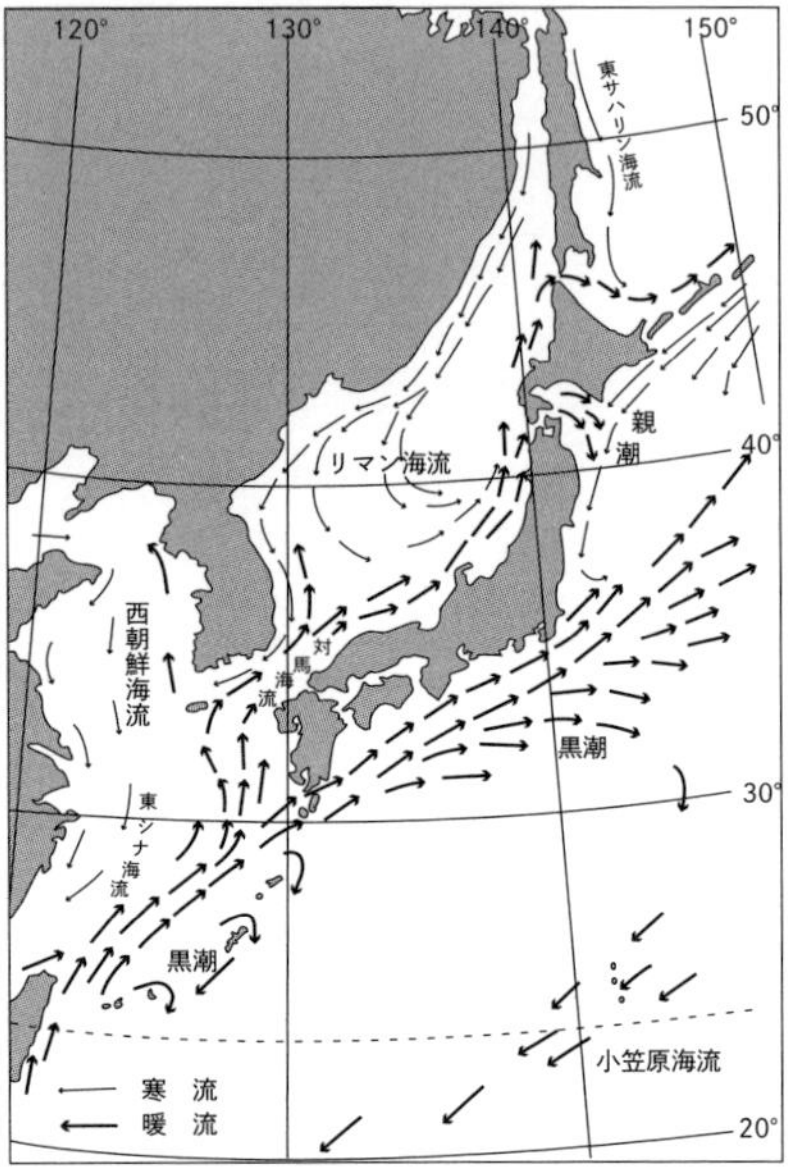

図2　日本近海海流図

航海の安全

航海の安全は、海に生きる人びとすべてに共通する願いである。彼らはつねに神に祈りをささげ、神意を占いながら航海をつづけた。それは抗《あらが》いがたい海という大自然と向かいあう人間の心のよりどころでもあった。祈願の対象は実にさまざまである。本来、漁民や船乗りが頼りにしたのは故郷の神々であった。貿易船の往来が盛んになると寧波《にんぽー》の招宝七郎神（浙江省の寧波府定海県にあった招宝山の山神である七郎権現）や泉州の通遠王（楽山（五台楽山）の山神であり、海神でもある）など、港町ごとの航海守護神が出現する。日本の八幡神のように国家と結びつき使節や軍船を守護する航海神もあった。神仏を祀るのも、海から目立つ山、潮流の複雑な港の入口の小島や港、碇を下ろす埠頭や清水の湧く井戸の傍らなど、航海と密接に関わる場が多い。船中にも朝夕の折りのためにお札を貼ったり、絵像を掛けたりした。外洋船になると船長室に小さな祭壇を設けて神像を安置することもあった。

日本では、住吉神社や金比羅宮《こんぴらぐう》、それに観音が海上の安全を守る神仏として有名である。各地の港町を今日訪れると、必ずどこか海辺に近いところに航海安全の社寺がひっそりとたたずんでいる。かつては、海に関わる人びとがこれらの社寺に参拝し絵馬を奉納して、熱心に航海の無事を祈ったはずである。

永延元年（九八七）頃、中国の福建省の漁家の娘が機を織っている時に突然霊感がおそい、航海中である父親は無事だが兄は溺死《できし》したと告げられ、まもなくその通りの知らせがきた。娘は、私は海神の化身であるので海洋の船を守護すると言って、海に身を投げた。人々は後に、その娘を天妃姥媽《てんぴろば》の尊称をもって航海の神として祀り、それが中国はもとより台湾、琉球、日本へと広く普及し、娘媽《じょうま》とも媽祖《まそ》ともボサともいわれ、航海の神として祀られた。この話は有名で、各地の媽祖神の信者たちの間に生きている。

この中国系の海上守護神は、奄美・薩南諸島を通り越して南九州の海村に多く分布している。たとえば、坊津《ぼうのつ》町立歴史館、同町泊の早水家、頴娃《えい》町歴史民俗資料館、笠沙《かさ》町片浦の林家、鹿児島市中町内宮家、宮崎県都城《みやこのじょう》市大王町の天水《てんみず》家などに媽祖の木像や掛軸が保管され、一部は今も信仰の対象として生きている。

中国に淵源を持つ航海守護神の媽祖信仰が、琉球―南九州―長崎、他へと広く分布した事実に注目したい。東アジア海域において、ローカルな神から地域を超えた航海神に成長したのが名高い媽祖である。

宋代には福建南部の航海神にすぎなかった媽祖は、南宋討伐や海上漕運に功ありとして元の皇帝から天妃の称号を授けられ国家神となった。日本列島などでその信仰が独自の展開を遂げていった。現在でも那覇市首里にある天后宮《てんごうきゅう》は「航海を守る天妃《てんぴ》」を祀っている。長崎の唐寺である興福寺や崇福寺には媽祖堂があり、屋内の左右に棚が設けられている。かつて唐船が入港するとここに船頭鳩を預け、出港前に船に戻したという。東アジア海域の沿岸各地に残る媽祖廟は、海を通じた交流の歴史の証人といえる。

海を渡った中国人は、航海の安全を祈念して媽祖を信仰し、世界各地に大小さまざまな媽祖を祀る廟を建てた。日本・マレーシア・タイ・インドネシアなどのアジア諸国はもちろん、アメリカのサンフランシスコなどにも媽祖廟がある。その数は四〇〇〇とも五〇〇〇ともいわれる。毎年旧暦の二月二三日の媽祖の生誕日と九月九日の昇天日ともなると、世界各地から多くの信者が福建省莆田市の湄《び》洲《しゅう》島に集まり、香を焚き平安を祈願している。

港市

鎌倉時代の権中納言勘解由小路兼仲《ごんちゅうなごんかでのこうじかねなか》の日記である『勘仲記《かんちゅうき》』の弘安一〇年（一二八七）七月二日条の解文《げぶみ》では、鎌倉前期すでに廻船《かいせん》の商人や唐船が対馬に着岸するのが、毎年の普通のことで、当たり前のことになっていたことがわかる。

中世の鋳物師は、それが成立した平安末期一二世紀後半から、廻船鋳物師《いもじ》といわれており、この鋳物師集団は廻船に原料鉄や「鉄器物」—鍋、釜、鍬、鋤をのせて、全国いたるところにでかけて商売をしていたことを、確実な文書によって証明できるのである。この左方《さほう》鋳物師の中には鎮西《ちんぜい》鋳物師も組織され、各地に交易拠点として港市《こうし》が成立していた。この港市については、吉田一彦《かずひこ》（日本史、仏教史）氏は、さらに時代を遡って、『日本書紀』の第二巻に登場する豪族は港市国家を形成していた者であると言う。

南西諸島ではどうであったか。交易市場の中心ではなく、やや離れた離島に拠点を置くことは、古代交易者の定石《じょうせき》だった。それは沖縄だけに限らない。喜界島は、やや面積の大きな島だが、主島の奄美大島より、古代交易を遂行する上で好都合だったと思われる。

東海岸の久高島、西海岸の伊江島や具志川島など、本島からやや離れた離島に、交易の拠点を設けたと思われる。その理由は、一つは交易の利便性、そしてもう一つは、自己防衛のためだった。周囲を海に囲まれた適度な広さの離島は、種々の交易商品を集散、交換させるのに便利である。さらに遠来の交易者としては、その土地の権力者の影響力から比較的自由に交易ができる離島に、拠点を構えるのが好都合だった。本来交易者たちは、身軽でなくてはいけない当時の交易では、あらかじめ市場調査をすることができない。ビジネスは、いきなり本番となる。うまくいかないと判断したら、即撤退を決断する必要もある。当時の交易の場では、身に及ぶ暴力的な危険も大きかったのである。リスクを感じたらすぐ逃げる離島の交易拠点であれば、いざというときには撤収しやすい。本島にドッシリと腰を落ち着けてしまえば、身軽なフットワークが失われるのである。

縄文時代に入って九州方面から移動して来た人たちがいたということは、その頃すでに、九州方面と沖縄の間に、航路が開けていたことを意味する。九州と沖縄の間にある七島灘の荒海を乗り越える航海術を持つ人たちは、縄文時代の前期から存在していた。

渡航先におけるこうしたコミュニティの形成は、形態こそ異なるが、九世紀以降に東シナ海・南シナ海の沿岸諸地域に進出していった軍人・海商についてもあてはまる。

彼ら海商は、しばしば居住・滞在先の政権と中国の政権との外交や貿易を仲介したが、そこには現地の商人や船乗りも関わった。そのことは、海域進出に必要な技術や知識を現地社会に蓄積させ、諸地域におけるその後の海域交流の下地を形成した。

このように、重層的・複合的な構造をもつ沿岸社会の多様なネットワークが政治領域をこえて幾重にも広域にひろがり、連鎖することによって、貿易をはじめとする海域交流がなりたち、活性化していたのである。

海に生きる人々

海に生きる沖縄の漁民は、その後も南の海域に存在感を維持し続けた中世以降は、倭族の後裔《こうえい》なる中国人による南海交易への進出が活発化した。交易に従事する中国人が、多く沖縄に移住した。古代とは違い、中世では交易者と航海者の分化が進んだ際、交易の主役は中国人(華僑《かきょう》)が担ったと思われるが、彼らのもたらした大型船での航海術を身につけることで、七島衆《しちとう》や久高衆《くだか》などは専門家としての地位を確立していったと思われる。時とともに移り変わる権力者や有力交易者に巧みに取り入る柔軟性は、七島衆や久高衆などの沖縄の船乗りは古代から近世にかけて変わらぬものであった。

筆者が子供の頃のことだが、村（集落）はずれの山の中に中年の女性が住んでいた。どうして山中に一人住んでいたかは、貧しさのあまり息子を「糸満売《いとまんう》り《ぃ》」したことで、責任を感じてのことのようだった。その後息子が過酷な環境から成人し、戻ってきて、母親のその中年女性に一緒に住もうと誘ったが、拒否し続けて、その後どこかへ行ってしまったようだった。その息子は、一人で仕事をしながら生活をした。彼は、お金の区別がつかず計算もできない。買い物の勘定は店員まかせであった。コインは「小さなお金《グナジン》」、紙幣は「大きなお金《マギジン》」という程度のものであった。

糸満の漁民は、沖縄を代表するウミンチュとして知られ、その操業の範囲は動力のない時代から日本列島の各地や、南西諸島全域、さらにはミクロネシアや東南アジアにまで進出し、それら地域の漁撈文化に少なからぬ影響を与えた誇り高き漁撈者たちであった。従来は地元の珊瑚礁内で漁をしていたが、琉球王朝から独占的な漁業権を与えられたことで、各地から糸満へと多様な人々が集まるようになった。糸満は、言語や習慣などに独自の文化を持つコミュニティへと発展する。糸満人は珊瑚礁内での漁撈活動だけでは飽き足らず、新たな漁場を求めて積極的に外洋に乗り出すようになった。

沖縄の本部の海人は、季節や天気、潮の流れや海の中の様子など、あらゆることを考え合わせてその日の網を張るポイントを決めていく。朝からはじめて一日に八か所ぐらいポイントを変えながら漁をする。漁場は本部半島の沿岸一帯や、その北西の伊江島近海、そして名護市の南にある恩納村沿岸あたりまでいく。この海域の漁場のことなら地形から潮の流れ、魚の習性、産卵場所まですべて知り尽くしているのである。

一二隻ほどのサバニからなる船団は、本部半島周辺や本島西海岸の大宜味村沖、遠くは伊足名島や伊平屋島近海あたりまで漁に出かけた。漁場は海岸からそう遠くないリーフの外側付近だった。リーフというのは珊瑚の礁原のことで、沖縄では海岸から二、三〇〇メートルほど沖にあって、ヒシとかピシ、ピーなどとも呼ばれる。このリーフの外側が漁場だった。

沖縄の海人

沖縄の海人にとって潮の干満を左右する月の存在は、片時も忘れることのできないものである。その南方の人びとが黒潮に乗って土佐沖をかすめ、紀州にむかうとき、黒潮の支流は紀伊水道に入りこみ、鳴門海峡の近くまで北上し、そこで反転して徳島の海岸を洗う。おそらくこのようにして南方の人たちの文化が徳島(阿波)の東海岸と淡路の西海岸のあいだに滞留した。そしてそこに日本でもっとも古い神話として粟《あわ》の女神であるオオゲツヒメの神話を生んだ。

徳島県は、大化の改新(六四五年)で阿波の呼称に統一されたが、もともと粟と長の二国に分かれていた。粟の国は吉野川の流域を中心に、長の国は那賀《なか》川以南の地方を指す。南方からやってきた海人《あま》族は、このあたりで焼畑に粟をまきながら暮らしていた。稲作の渡来の後もこの地方に伝えられた。

南海の彼方に故郷をもつ漁民たちが志摩半島の一角にたどりついた。そしてそこを漁場として海にもぐり生計をたて、またその本拠である的矢《まとや》湾の奥深くの磯部を、信仰の土地として考えた。志摩に続く三重県度会郡南伊勢町には、鶴が稲穂をくわえてきて落としたといい、それにちなんで穂原神社がある。稲の伝承について、沖縄の民間では一羽の鶴が稲穂をくわえてきて落ちて死に、その稲穂の種子を播いたことがはじまりと伝わる。

紀伊半島の熊野は、『日本書紀』に登場する自然崇拝の地で社殿がない神話時代からの伝承がある。平安時代の最高権力者である上皇による参詣「熊野《くまの》御幸《ごこう》」では、天皇や上皇が、正統な祖神である伊勢に参らないで、たいへんな苦労をして熊野まで出かける。二ヵ月もかかる苦しい行路である。出発前から厳重な物忌みをまもり、高貴な身が白衣の山伏姿になって、道中、諸所方々でミソギをしながら。しかも大勢の貴族をともなって、その費用も膨大であった。伊勢神宮の方は皇女の斎宮《さいぐう》をおき、私幣《しへい》（天皇以外の人から諸神に奉《たてまつ》る幣帛《へいはく》）を禁じ、天皇家の祭祀として形式をまもりながらも、持統《じとう》天皇が参拝して以来明治天皇までの天皇は参拝していない。個人の信仰として熊野の方に熱中しており、清和《せいわ》天皇以来、平安時代を通じおよそ百回、白河上皇十四回、鳥羽上皇二十三回、後白河法皇三十三回、後鳥羽上皇二十九回と、驚くべき信心ぶりがみられる。この形は琉球王国時代でも東御廻り《あがりうまーい》として、琉球国王・聞得大君《きこえおおきみ》など大人数で創造神・アマミキヨがニライカナイから渡来して住みついたと伝えられる霊地を巡拝する行事が行われた。

「この伊勢神宮の形態（御神体が石）や熊野御幸は、その根は、沖縄のウタキなどと同質であり、海洋島嶼民族の信仰であり、黒潮に乗ったダイレクトなすじ、ウタキと共振した素裸な土台から出発している。ただ歴史がそれぞれ異なった様相をうちひらいたものだ」と岡本太郎は指摘している。

福井県の小浜《おばま》では戦前には、夏になるときまって沖縄から糸満の漁師がやってきて、海浜に寝泊りし、海面を棒で叩くような原始的漁法で魚をとったものだという。そこで小浜の人びとは、糸満の漁夫のすがたがあらわれると「ああ、夏が来た」という実感をもった、という話が伝わる。彼らは黒潮の分かれた対馬海流と南風に乗って北上し、また秋の北風を利用して帰っていったのである。若狭湾には蒼島や鷹島のように熱帯樹を繁らせている小島もある。若狭と南方の関係は思いのほかにふかい。

大分県の郷土料理に「りゅうきゅう」というのがある。魚をさばくときに出る切れ端や余った刺身をしょうゆやみりん、ゴマなどでつくるたれに漬け込んだものである。この調理法が琉球の漁師から伝わったため「りゅうきゅう」という名がついたとも云われている。

フィリピンや台湾の東方に発し、琉球列島や薩南諸島を北上する暖流の黒潮は十島灘《としま》で分かれて、主流は九州の東部、四国、紀伊半島の沖をかすめ伊豆七島の間をとおり関東地方の東岸を洗う。他方は九州の西海岸から壱岐・対馬の間を抜け、山陰、北陸の海にむかう。日本列島は表も裏もこの黒潮によってはさみ打ちされたかっこうになっている。始原の文化の時代から、日本列島と黒潮との関係は絶対的なものであり、海の大動脈としての黒潮は、日本列島に南方の文化をはこぶ海のベルトコンベヤーとしての役割をもっていた。黒潮のベルトにのせられて南方の植物や動物、または人間の眼に見える文化と眼に見えない文化が運ばれてきた。そうしてそれらが何万何千年とかかって日本の文化の基層を形成した。それは昼夜を分かたずに海底に沈澱するマリンスノウのように微小なものであるが、孜々《しし》とした営みを不断につづけてきたのである。

第三章　山原の生産物

沖縄島の塩と生産地

一四世紀の南海諸国を旅行して得た見聞を地理・物産・風俗などにまとめた『島夷誌略《とういしりゃく》』（汪大淵《おうだいえん》撰、一三五〇年）には、琉球の記述に、

琉球、地勢盤穹、林木合包、（中略）
煮海水爲鹽、釀蔗漿爲酒　…

とある。琉球（沖縄）は、地形はドーム状で、木々に囲まれている。ここでいう琉球とは、木々に囲まれた山原地域が考えられる。海水を沸騰させて塩をつくり、サトウキビの汁で酒をつくっていた。このドーム状の地形は当時の海進にともなった地勢だったこともうかがえる。

塩と「マース」

沖縄の方言では、「味噌・塩」は「ミス・マース」と言う。「ミス」は「味噌」の発音に近い。「塩」を「マース」と言うようになったかということは、「マース」の「マ」は「真《ま》」であり、「うそいつわりのないこと」「本当の」「純粋である」「まじりけのない」などの意がある。「真人間」「真新しい」「真鰯《いわし》」「真玉」など

古語の時代からのことばである。沖縄方言で「美味しい」は「マーサン」という。「マー」というのは「純粋にまじりけのない」の意で、「サン」は「様（＝様子）」の意で「味」である。「ス」は琉球語の「スー」や「ウス」の「ス」で、「潮・汐」を意味する古語の「シホ」から転化した語と考えられる。

沖縄では「シホ」「ウシホ」はそれぞれ「シュウ」「ウシュ」の段階を経て現在の「スー」や「ウス」に落ち着いた。そして、「スー（潮水）」または「ウス（潮水）」が「塩」の状態になったものを、初めは「マウス（真潮）」または北部方言に残る「マス（真潮）」のように発音していた。それが後には「マース」という発音になった。八世紀の『古事記』の頃からすでに「塩」が使われており、「潮」と同じように「シホ」と発音していることから、「真潮（ましほ）」という概念があった。

沖縄の方言で「しょっぱい」を「スージューサン」とか「スーガラサン」と言う。また、中国語で「潮」を「チャオ」と発音するから、日本古語の「シホ」の語源と無縁ではない。大陸時代に、どこかインド近辺で接触していたのである。東アジアのモンゴル族の祖先が運んだのかもしれないと具志堅敏行氏は言っている。中国語の「チャオ（潮）」になり、日本では「シオ（潮・塩）」になり、そしてそこから「真シホ」を経て琉球語の「マース」が生まれていたのである。

また、具志堅氏は今帰仁村湧川には、天孫氏の後裔といわれる「孫太子大君《そんたいしおおきみ》」こと開山長老（一一四四年生まれ）が今帰仁にやって来て製塩技術を広め、製塩が湧川から始まり、大宜味村塩屋はここからの伝授による塩田であるという。

近年まで屋我地地区・豊見城地区等、久米島東部銭田地区の塩田が知られている。このなかでは屋我地地区の我部塩田に現在も残る塩作りは、製塩法や立地する海岸地形の特性を観察するうえで貴重な民俗例である。

恩納村の塩屋はかつて塩屋原というところで製塩が行われていた。その地の美留《びる》は港として栄え、真栄田や塩屋の産物が運び出された。浜辺から塩炊釜と思われる大きな土鍋が二つ出土している。うるま市の塩屋では、中城湾に面した塩屋の海は遠浅で塩造りに適しており、「屋取《やーどぅい》」（首里、那覇の帰農した貧窮士族）が塩造りを始めたといわれる。

塩が生活必需品であり、代替品のないところから、古来、人びとは、その確保に少なからざる努力をはらってきた。岩塩の存在しない沖縄の製塩は、端的にいって、海水から九七％の水分を除去して、三％の塩分をとることである。製塩の歴史は、今日明らかにされているところでは、縄文時代後・晩期にまで遡ることができる。

琉球列島では入浜式塩田が、東部インドネシアでは乾燥気候の特性を活かした入浜式塩田の原初的段階といえる製塩が行われていた。

入浜式塩田は、遠浅の海岸に大きな堤防を造り、満潮・干潮時の水位の高さの中くらいに塩田面を築いた。浜溝に海水を導き、毛細管現象によって砂層上部に海水を供給し、太陽熱と風で水分を蒸発させ、砂に塩分を付着させる方式である。

揚げ浜式の製塩として、一六九四年、那覇市前島の潟原《かたばる》には、塩田が開かれ、塩の精製がはじまったと伝わる。この製塩方法は、海の近くの広い平らな土地を、叩いたりローラーをかけたりして表面をかためる。その上に一種の黒い砂質の土を約六ミリほどの厚さにまき散らし、熊手などの他の道具を使って平らにならすが、このとき土を押しつけないようにする。日中の暑いさかりに、海から海水を汲んで来て、短いひしゃくで塩田の表面に注ぐ。太陽の熱で、水分はたちまち蒸発し、砂の間に塩分が残る。ここで砂をかき取って、間口が三六センチ、奥行き二四センチ、深さ三〇センチ(一五センチに一〇センチ、深さ一二・五センチほどに石をつみ上げた溜り)のなかに入れる。砂がいっぱいになると、上から海水を注ぐ。砂の間の塩分は、この海水に溶けて、底にあけた小さな穴から流れ出す。この濃い塩水を九〇センチ四方、深さ三〇センチの容器に移して煮つめると、三~四センチほどの厚さの固形の塩がとれる。

琉球列島の古代において、河川や沿岸に現在のように人の手が加えられていない自然環境を想定するならば、月に二度の大潮時にのみに冠水する干潟の一部は、その後数日間の強烈な太陽熱と海洋性気候のもたらす風により容易に乾燥して、「天然の塩田」のような環境が一時的であれ形成された可能性もある。

また、琉球列島での製塩法は①直煮式製塩、②天日自然濃縮(半天日製塩)、③天日自然採塩(天然結晶採取)、④揚浜式製塩、⑤入浜式製塩の五態に分類されるともいわれている。

奄美諸島での採塩・製塩は、おもに海水中の水分を太陽熱により蒸発させることに主眼が置かれている。

塩商人

網野義彦は、塩は縄文時代から交易されており、塩の交易は非常に古い歴史をもっているが、このころも塩は間違いなく重要な商品の一つであり、この交易によって、巨大な利益を上げていたことは十分考えられる。塩は交易品としての要素が大きい。自家消費するもののみを生産することは少ない。しかし、塩そのもの自体はほとんど考古資料としては残らないが、生産要素は十分に考えることが可能である。東南アジアの過去の塩生産は、何らかの形で他地域の塩生産と関係した可能性を否定できない。製品そのものが多くの場合は長距離交易品ではなかったとしても、製品への共通した需要は一般的である。そのため生産要素は、長距離交易と関係してくる可能性を持っていると指摘した。

中国南宋時代に成立した地誌『諸番志《しょばんし》』（一二二五年頃）と『島夷誌略』には東南アジアの製塩を述べた記述があり、一四世紀中頃では、東南アジアでは五七カ国中三二カ国で製塩が報告されている。

歴史を物的存在から考えるのが考古学である。塩はその意味で、重要な考古学資料と言える。しかしほとんどの場合、過去の塩そのものが現在まで残っていることはない。塩を作るための道具や施設からの接近にならざるをえないのである。

東南アジアに限らず、塩の生産は植民地支配を含む政治支配とも密接な関係がある。人間の必需品であるからこそ、それを管理することが支配に直結する。塩は、単なる牧歌的な生産物ではないのである。

東南アジアの塩文化は、インドのそれと深い関係があった。またインドの次に文化的に繋《つな》がりがある中国の塩文化とも、何らかの影響も十分想定しうる。また東南アジアの塩生産とりわけ群島部の場合は、自然条件に類似性がある本土や南西諸島も似た要素をもっていることも確かである。

山原地域の馬の飼育

長濱幸男氏は『宮古島市総合博物館紀要』(二〇一九年)で、山原の国頭や大宜味の馬の飼育について次のように指摘している。

『大宜味村史』(一九七九年)には、「古老の伝えるところによれば、大宜味間切ではかつて馬の飼育が盛んであった時代があり、塩屋、大宜味、喜如嘉などには馬場が残っている。山林取り締まりが厳しくなった後、山林荒廃のもとになるとのことで、馬の飼育は禁止され、用材薪炭《しんたん》の運搬はもっぱら人力に頼ることになったという」と記されている。

『国頭村史』(二〇一六年)には「王府時代に国頭間切と大宜味間切は、馬の飼育禁止地域とされていたこともあって、馬はほとんど飼育されていなかった。禁止されていた時期は不明であるが、おそらく山林保護につとめた蔡温《さいおん》時代で、馬による林産物の多量搬出は、山の荒廃を招くからだと考えられる。辺土名西平に馬追い（馬場）が存在していたことから、馬の飼育に適しないところではなかったであろう」とある。

エサになる放牧馬の粗飼料は、低地の野草と山麓傾斜地の草木などである。昭和初期に水田一八ヘクタールが確認されるが、一四世紀末頃には湿地帯であったと思われる。乾期には、馬牛の絶好なエサ場になったのである。草種は仲間勇栄氏の二〇一二年の調査で一六種類を確認している。イヌビワ、オオシマコバンノキ、オオムラサキシキブ、キールンカンコノキ、シマグワ、スキ、セリ、シロノセンダングサ、チガヤ、ツワブキ、ネズミノオ、ノアサガオ、ノカラムシ、ハマイヌビワ、ハルノノゲシ、ホソバムクイヌビワなどである。馬は、イネ科の植物が大好物である。また粗飼料不足のときは、アダンの新芽（与那国の牧）、フクギの葉（下地島の牧）も食するという報告もある。沖縄本島北部では、年中青草があり、野草・粗飼料だけで馬の飼育は可能である。

一七三七年の乾隆《けんりゅう》検地の測量をもとにして、馬場の規模を記載した「琉球国之図」（一七九六年）がある。これによれば、沖縄本島北部の馬場は、次の通りである。国頭村には桃原《とうばる》馬場（赤丸岬）、大宜味村には喜如嘉馬場、今帰仁村には仲原馬場、名護市には大兼久《おおがねく》・伊差川《いさがわ》・汀間《ていま》馬場、恩納村には南恩納馬場、金武町には金武馬場である。

済州島は本来耽羅《たんら》といわれ、朝鮮半島の王朝から独立した王国の立場を、一一世紀の初めまで保持していた。高麗《こうらい》の時代に初めて済州《チェジュ》郡となるまでの済州島は、独自な建国神話を持った自立した王国であった。

元は騎馬民族だが済州島の牧は決して元の時代からはじまったのではない。済州島では元の入る以前から馬を飼育しており、古くから牧があったとされる。済州島から南の宮古島あたりまで、それぞれの島嶼には馬を飼育する牧があったことが想定される。

沖縄方言に「うーまくー」と言うのがあり、「きかん坊、いたずら好き、やんちゃ」などの意味でつかわれている。語源のわからないまま普通に使っている。名古屋弁の「たわけ」も「おろかもの、ばかもの」の意で、本来の意味は、「田を分けるという愚かな行為」である。「うーまくー」も、もともと「うー」は「大きい」で、「まくー」は「牧（牧場）」の意味ではないかと思われる。牧も大きくすると周りに住む人たちにはいろいろと迷惑になる。そこからネガティブな意味がでてきたのではないかと思われる。

山原の農業

『沖縄県の歴史』（山川出版社）に、北山（山原）地域のことが次のように記述されている。

「北山は今帰仁を中心にしたとはいえ、山がちの北山は、農業生産力の面において平野にめぐまれた南部とは格段の差があり、その存立基盤の強固さの面でも大きな相違があったと考えるのは無理ではない。

明国への入貢回数を見てもそのようなことが考えられる。おそらく中山を掌握するために全精力を傾けた尚巴志は、一〇年を軍備の補強にあて、まず、もっとも弱小と思われた北山にあたったのであろう。」

とある。しかし、広大な水田地帯をなしていた「羽地ターブックヮ」、「奥間ターブックヮ」、「辺士名ターブックヮ」、「嘉陽ターブックヮ」などがあり、この稲作と交易によって繁栄していたことが考古学的にも明らかにされている。しかし、ここでは山北（または北山）は弱小として扱われている。このことが通説となってしまっている感がある。実際には、尚巴志の三山統一以前に、山北の伊平屋島や今帰仁が外部勢力に攻撃され、同じく外部勢力の怕尼芝によって滅亡させられた。当時の仲北山系の人たちは本部・今帰仁からそれ以外の地域へ離散逃避していったのである。山北・山原の存立基盤の強固さは大きかったのである。

海から交易を求めて航海者や、交易者、また船乗りがやって来る。そして生活物資や、新しく見慣れない文化的な波も押し寄せてくる。港市国家として、あるいは港市集落として山原の各地に存在していた。後世には、その港市としての機能が失われると、その記録として残ることは少ない。いつしか島の集落の人々は、ありがたきもの、神として迎えるようになった。来訪神を迎え送る儀礼として、日常生活の中の言語や通常の技術的道具などでは表し伝え得ない、社会の連帯といった価値など重大なる出来事を明確に表現し、心に強く刻みこむ働きを持つ儀礼としてあらわれてきた。

奄美・沖縄各地のシマの年中行事を通じて、ニライカナイ信仰に基づく来訪神を迎え送る儀礼は、今日、衰退の傾向をたどりながら、なお豊かな内容を展開し、ある意味で、日本古代の鏡という比喩が、かなり有効性を保持している。それらの代表事例として、奄美本島のショチョガマとヒラセマンカイ、与論島や沖縄本島北・中部にみられるウンジャミ（海神祭）は、稲魂を招き、稲の収穫を感謝して豊作を祈願するものである。沖縄、八重山群島でも同様の目的でニライカナイから迎えるニイルピト（俗称アカマタ・クロマタ・シロマタ）という仮面仮装の来訪神行事がある。

筆者の生まれた山原の村では、サトイモのことを「マーム（マーウム）」と呼んでいたが、これは「イモ」を「ウム」と発音したものである。これは沖縄本島北部の山原から奄美諸島までそう呼んでいる。サトイモはもともとヤマノイモといっていたが、その呼称がサトイモに転用され、それが日本語の「イモ」の語源になっている。

また、沖縄本島の山原から奄美諸島をへてトカラ列島に至る地域は、タイモ（ターウム）栽培がいまも盛んな地域である。『琉球国由来記』には、タイモを供物にする「芋折目《うむうんめ》」「ヲンナイ折目」などと呼ばれるイキ儀礼が沖縄本島北部の山原の村々で数多く営まれていたことが記されている。

高宮廣衞《ひろえ》は、一一世紀後半以降のグスク時代の農耕システムは、沖縄本島中・南部グスク時代遺跡で最も多いのはアワで、次に多いのがコムギとオオムギであり、イネは数量的に極小であるという。一方、沖縄本島北部や奄美諸島では逆の傾向にある。沖縄本島の今帰仁城跡からかなりの植物遺体が検出され、イネが主体を占めていることがわかったという。

このように、限られた資料からするかぎり、沖縄本島中・南部は雑穀農耕で、本島北部・奄美諸島は稲作農耕という二つのシステムが琉球列島にあったとみることができると指摘する。本島北部には、良質の「島米《しまぐみ》」を産する羽地ターブックヮなどがあり、大宜味村などには往時の面影をとどめる「高倉」がある。

琉球国に仕上世《しのぼせ》米を積み出す四つの津口がみえるが、運天・湖辺底《こへんぞこ》・勘手納《かんてな》の三津が沖縄本島北部の山原にあった。

「しらぐ(精ぐ)」とは、「玄米をついて白米にする。精米する」という意味で、平安時代まで使われていた。この語も沖縄の農村に残っているが、沖縄と本土が平安時代までにこのような言葉が伝わるような深い文化交流をしたという記録はない。この語は三世紀の中頃に古代日本語として既に琉球列島に存在していたと前出の具志堅氏は指摘する。

沖縄の農村では、「穀物や米に混ざった不純物を取り除くこと」を「シラギーン」と言う。「しらぐ」または「しらげる」と言ったら分かりやすい。これは、農村の老婆などが、古代日本語を意識することなく自分の言葉として無意識に使っていた方言である。このような稲作関連語が弥生時代に琉球列島入りしていたとしたら、沖縄の稲作開始は紀元三、四世紀頃ということになる。

伊平屋島にはクマヤ洞窟というのがあり、高さ約一〇メートル、広さ六〇〇平方メートルの空間の洞窟がある。二〇一一年に伊平屋島の伊平屋村歴史民俗資料館を訪れたとき、当時の館長さんからクマヤ洞窟は全長が約六〇〇メートルもあったが、現在の空間は崩落して残った部分だと教えていただいた。発掘により崩落して埋もれた場所から炭化した稲籾、生活の跡や武器などの遺物が見つかるかもしれない。シュリーマンのように古代への情熱を持ち続けたいものである。そのほか今後それを証明する弥生水田の遺跡が発見されることによって沖縄の稲作開始が明らかにされる。

宮本常一《つねいち》は、日本へ稲作が渡来するのと、越《えつ》が呉をほろぼして江南の地に国家を形成したときとはほぼ時期が同じようであり、越の勢力範囲は華南の海岸一帯から、浙江《せっこう》省、福建省、広東省、広西省からベトナムにわたっており、竜を崇拝し、入《い》れ墨《ずみ》をおこない、米と魚を常食とする海洋民族の国であるということから、漢民族とは系統を異にするものである。そしてこの民族に属する一派が倭人ではなかったかと考えている。そして舟または筏を利用して朝鮮半島の南部から北九州へかけても植民地を作ったのではないかと考えている。

日本列島へ稲作が普及してゆく速度も早かった。それは一つは水路を伝って船を利用してひろがっていったものではないか。それは九州だけ見ても弥生式の遺跡が海岸地方か、河川に沿って分布していることによって推定することができる。また、日本海側について見ても、能登半島に集中的に多く、さらに、瀬戸内海沿岸、伊勢湾、三河湾沿岸などにも多い。これは籾種だけが一人あるきしたのではなく、これを持って移動した人のあったことを物語るものではないかと指摘する。

そして、稲作が海の彼方から渡来したとなると、船に乗って来る以外にない。それも陸地を南下して海に直面して海をわたる工夫をして琉球の島々や日本にたどりつき、それがひろがっていった。おそらく稲作にかかわりを持つ人たちは船を利用しつつ漸次《ぜんじ》あたらしい世界を見つけていって、そこに住みつき、水田をひらいたものであるという。中国大陸からの倭族の移動・渡来が考えられるが、渡来の倭人・倭族については第八章で詳しく述べたい。

一八五四年にペリーと同行し琉球に来島したジェームズ・モロー博士の日記には、琉球でもっとも主要な収穫物は米である。島の人々は最も念入りの世話と注意で栽培し、米の畑は熟した時、筆紙に尽くしがたい美しさがある。米は島の中央北東部（久志・宜野座・金武あたり）に多く、しかも良くできると記述している。

米作りでは、日照りが続くと田圃の水の管理が大変である。昔は遠い山奥の水源地から細い溝で遥か下の田まで水を引いていた。しかし、その水路も途中で二又に分かれたりすると、水量が半減する。沖縄では、日照りが続く夏は水の確保が重要な仕事だった。水を引き込む細い水路を沖縄の方言では「ビー」と言う。地形によっては溝が掘れず、架橋のように空中を流れるようにした所もあった。こういう場所では太い竹やパイプで渡りをつけるのが古くからの知恵である。一種の「樋《とい》」のような仕掛けである。古代日本の稲作地帯からは丸太を割り抜いて作った水路の仕掛けさえも見つかっている。そして、それの大がかりなコンクリート製の空中水路が名護市の「ビーマタ」というところにあったのを覚えている。戦後しばらくして残っていた。当時としては充実した灌漑施設だった。橋脚も高く、高低差を利用した長さ一キロくらいの水路だった。当時の名護はほとんどが水田地帯で、屋部川の上流は重要な水源の一つであった。したがって、屋部《やぶ》川を挟む両方の水田地帯では川の水を共有していた。

川の水を引き込む水路は途中で分岐していたが、ちょうどその辺りの地区が「ビーマタ」という集落で、名護市字宮里の奥に形成された集落である。地名は漢字で「為又」と当ててある。「ビー」に、どうして「為」字を当てたのか不明であるが、この地名が水路の「ビー」に由来するのか、また、かつてこの地は「い草」の生産地でもあり、「い草」の「ビー」に由来する。

大唐米

筆者が子供の頃、母親が「その米はダイトウマイ」と言っていたことがあったが、当時は大東島《だいとうじま》産の米だと思っていた。しかしそうではなく、「大唐米《だいとうまい》」のことだとわかった。

ペリーの日本遠征にしたがって琉球をおとずれた前出のジェームズ・モロー博士の観察によると、琉球でもっとも重要な作物は米で、米は島の中央東部にもっとも多く、しかもよくできる。しかし低地のじめじめした所で水が得られる所ならば、山間の狭い所でさえ、どんなに小さくても、溝を掘り、畦《あぜ》を作って稲を植えている。そしてそれは苗を苗代で育てて移植するものであるが、その米の色はしばしば赤味をおびてシマがある。しかし味はよくまた滋養分に富んでいるとある。

日本で赤米がもっとも多く作られていたのは鹿児島全県下、熊本、宮崎の南部、高知県などであった。琉球列島伝いに日本列島へひろがっていったことを暗示するものといわれる。

赤米のことを大唐米といった。おそらく唐で多く作られ、唐から琉球や日本へ伝来されたからと云われる。南北朝時代までは江北（揚子江の北）で赤米の作られることは少なかったが、次の隋、唐の時代になると江南の米も洛陽《らくよう》へもたらされるようになる。

赤米は大唐米とよばれたほか、同時にトオボシともいった。唐法師《とうぼし》から来た言葉で、法師は芒《のぎ》のない籾《もみ》を言ったものであり、芒がないと、玄米にするのに手数のかかることが少ない。大唐米は手かずのかからぬことが一つの条件になって普及を見ていったといわれる。唐の時代に赤米が多く用いられるようになるとともに、そしてそれは南島路を経由して日本に達したものではなかったかと考えられる。つまり遣唐使が南島路をとるようになったこととも、関わりあいがあると考えられる。赤米が日本列島の一般民衆社会へひろく分布を見るようになったのは、南島のルートを通ってもたらされたものが量的には多かったからで、そのことは赤米の日本列島における分布を見ることによって推定される。そしてその赤米は中国では浙江省地方に多く作られていたが、フィリピンなどでももとは赤米が全面的に作られていたということを宮本常一は明らかにした。

稲作の祭礼

昔、本部間切や今帰仁間切では、稲作の祭に「アラザウリ」「ムカイザウリ」という祭礼があった。これはまた、宮古、八重山で行われた。はじめて稲田に下りるときの祭礼が「アラザウリ」で、稲が実って刈り取るために田に下りるときの祭礼が「ムカイザウリ」であった。本部伊野波村の場合のアラザウリ、ムカイザウリでは、百姓から花米五合に神酒一樽が出されて、伊野波のノロ（祝女）が仙香をたいて祭った。その他の嘉津宇《かちゅー》村、具志川《ぐしちゃー》村、天底《あみすく》村、具志堅《ぐしちん》村、備瀬《びし》村、浦崎《うらさち》村、謝花《じゃばーな》村、辺名知《ひなじ》村、石嘉波《いしかー》村、崎本部《さちむとぅぶ》村、健堅《きんきん》村、瀬底《しーく》村のこらず、この祭には、花米五合と神酒一樽を出した。稲祭のない十一月には本部間切全体、海神折目《うみかみおりめ》とよばれる海神祭が催された。そのときには、たとえば瀬底村のメンナノ御嶽で祭られた海神折目には、百姓は花米五合、神酒三樽、五水三合、魚三かごをノロに出して海神を祭らしめた。今帰仁間切では、この海神祭を「大折目《うふうんみ》」と称して、七月に行われた。各部落ごとに催されたが、郡島《こおりじま》（古宇利島）を例にとるとすれば、古宇利島のノロたち二十余人の神職が、今帰仁グスクまでやってきて、城内のヨウオスイに集まり、惣地頭《そうじとう》から出された供物《くもつ》で祭りを行い、アワシ川の水を取り、それでノロが水を浴びて身を清め、七度アザナ廻りをして、庭で按司から出された酒で祭礼を行う。

それから縄を引っ張って船槽《ふにこ》ぎの真似をして城門に出、みんな馬に乗って、弓矢を持ち、ナカレ庭という所に行って塩撫《な》でをなし、再び城内にもどって、前と同じく、ヨウオスイで祭礼を行って終わる。古宇利島の祝女たちが、島で祭礼を行わず、今帰仁グスク内で行なったこと、縄を張って船こぎの形で城門外に出る姿など、島の人の海との対話としてしのばれる。

シークヮーサー

沖縄科学技術大学院大学の研究チームによると、シークヮーサーは数万年前に中国南部・湖南省の山岳地帯の野生のマンダリン（オレンジ）類が当時に陸続きだった琉球列島へと運ばれた末、琉球在来の柑橘類（タニブター）と交配してできた可能性があるとして結論付けている。

五月《さつき》待つ花橘《はなたちばな》の香《か》をかげば昔の人の袖《そで》の香《か》ぞする

これは『古今集』の有名な歌である。なぜ袖とタチバナとが関係あるのだろうか。それは『万葉集』の大伴家持《おおとものやかもち》の歌に述べてあるように、タチバナの花を袖に入れてその匂いを楽しんだということもあるが、別の解釈がある。沖縄では昔はシークヮーサーと呼ばれる柑橘類の実を輪切りにして、それをすりつぶし、糊《のり》にまぜて芭蕉布の着物につけた。そこで着物はしゃんとなるだけでなく、よい香がした。また衣裳たんすにシークヮーサーの実を入れて虫除けにもした。戦争中の石鹸不足の折にも蜜柑の皮で衣類を洗った経験をもつ人もいるはずである。これは日本の古代中世には、日常の生活でおこなわれたことであった。

現在では、シークヮーサーは沖縄島北部山原の大宜味村、名護市や本部町で集中し、生産されている。

鮫皮

伊平屋(伊是名を含む)には、鮫川《さみがー》(佐銘川)の伝承がある。大主《うふぬし》の伝承があり、大主は鮫皮《さめがわ》の加工とその交易で財を成したとも云われる。

鮫皮は、鮫と名前につくものの、実際はエイの一種であるツカエイなどの「真鮫」と呼ばれるものである。ツカエイは、奄美大島や沖縄の砂低域に生息し、大きくなると体の幅が一・八メートルぐらいになるエイである。魚の背面中央部の皮をはがし、乾燥させたもので、主に刀剣の柄《つか》や鞘《さや》、防具(鮫胴)鞘に使われる場合は表面の凹凸がなくなるまで研磨され、着色した後に漆で仕上げられる。このときまるで梅の木の皮に似た模様になるため、梅花皮《かいらぎ》の名前がある。

柄の作り方は、次の工程からなっている。

①鮫皮を磨く作業で、はじめに柄巻師が用意するのは、乾燥させた鮫皮で、これを水で濡らしてやわらかくする。
②鮫皮の艶を出す作業は、茅《かや》の根を干して束ねた道具「うづくり」（表面部をこすり浮き上がらせるブラシ状の工具）、イボタ蝋《ろう》（白色から黄色がかった白色で、ゼラチン質、結晶性、水に不溶な物質）で鮫皮を磨く作業である。
③鮫着せという作業は、柄木地に鮫皮を巻く作業で、鮫皮は湿気によって伸縮するため、寸法を合わせるために、鮫皮を柄に巻いて紐で固定し、数日置いたのち開いて余った部分を切除

図3　刀剣の鮫皮の柄

するという作業を繰り返す。

④最後に柄糸を巻くという作業である。

伝承には、鮫を鞣《なめ》すときに強烈な臭いを発する。そのため島中が臭くなり、鮫川大主は島から追い出されたとも伝わる。

海神祭

祝女《のろ》を祭司として海の彼方にあると信じられているニライカナイから神を迎え、豊作、豊漁、無病息災を祈る年中行事が海神祭（ウンジャミ、ウンガミ）である。

沖縄島北部山原では、国頭村の安田《あだ》、辺戸、比地《ひじ》、与那、大宜味村では塩屋、田嘉里《たかざと》、喜如嘉、饒波、大宜味、今帰仁村では古宇利《こうり》島、また伊平屋島の田名《だな》や伊是名島ほか与論島でも行われている。なかでも塩屋の海神祭は国の重要無形文化財に指定されている。

『歴代宝案』の一四三四（宣徳九）年の尚巴志王の咨には、「卑爵、出往山北賽、祭海神處…」とあり、尚巴志は山北賽に出向して海神を祭っている。山北・山原の海神祭に理解を示す尚巴志がおり、またそれ以前から山北・山原では海神祭が行われていたことがわかる。

第四章　琉球弧の交易

琉球が王国として成り立たせたものは東シナ海や南シナ海などでの交易を中心とした国家である。その琉球が王国として成立する以前から琉球弧では交易が展開されていた。

琉球の従前からの交易

中国の百科全書である『本草綱目《ほんぞうこうもく》』のなかで、その著者の明の李時珍《りじちん》は、

古者貨貝而寶龜、用爲交易、以二爲朋。今獨雲南用之、呼爲海蚆。

「古者《いにしえ》は貨貝を宝亀と為《な》し、用いて交易を為《な》す。二を以て朋と為《な》す。今、独り雲南之を用い、呼びて海蚆《かいはな》と為《な》す」と述べている。朋とは二個のことで、周《しゅう》王朝を創始した武王の父で殷《いん》代末の周国の文王こと西伯の赦免のために集めた大貝五百朋とは、タカラガイ一千個であった。また、明《みん》の正統元年（一四三六）三月の条に、

有名人附齎海螺殼九十海巴五萬八千

とある。

無上の宝であったタカラガイは、大陸の沿海地方ではめったにとれないといわれ、日本群島南半の

珊瑚礁上がおもな産地である。

朝鮮半島からマレー半島にいたる大陸の沿岸では、ほとんどとれない。タカラガイ時代に、主役として活躍したのは、とうぜん大陸東南の沿海の人たちであった。日本の南部と中国大陸とのあいだの海を渡る人がいた。

実はこの大陸東南の沿岸から琉球列島の島々、朝鮮半島南部や九州西北部沿岸から薩南諸島の人々の多くは、中国大陸の漢族の武断的権力にもとづく領土拡張の犠牲となり、迫害によって倭族たちはつぎつぎと僻地へ逃避せざるを得なくなった。その倭族の琉球諸島に移動したものたちがその後タカラガイを中心とした交易活動を展開していったと思われる。なお、倭人とか倭族などについては先述のように第八章で考察する。

タカラガイを求めて

中国春秋末期、越王勾践《こうせん》（在位、前四九六―四六五）があらわれ、東南夷の一種とされた越が、とつぜん一つの政治勢力としてあらわれる。タカラガイの光がやや薄れていた時代だが、それに加えて、海上活動によるエネルギーが溢れ、江南の大勢力である呉にうちかったと思われる。

東海の波を越えたのは、越族の人たちであり、タカラガイを採集しに来て、そのままとどまった人たちもいた。

中国で宝貝が貨幣であった古代に、中国東南沿海地域の百越族《ひゃくえつぞく》中の一小族が、古来宝貝の産地たる琉球列島中の南のある一島に来住定着したことが民俗学的言語学的考察から想定される。

徹底的な威圧を国民に加えた秦代《しん》では、亡命者は少なくなかった。普天《ふてん》の下《もと》、率土《そっと》の浜《ひん》に秦の力は行き渡っている。逃げようとすれば、海にむかわねばならない。秦の圧政にたいする抵抗として死ぬことを、東海を踏むといわれた。東海を踏み、死ぬことなく東方の島々にたどりついた人も少なくなかった。船に乗らねばならなかったので、いかなる亡命者も越族の力をかりねばならなかった。

紀元前後に、黒潮に乗って渡来する海洋民族が琉球列島に住み着き、珊瑚礁で囲まれた豊かな漁場・イノーを中心とした生活が始まり、海岸の近くが集落になった。この頃の沖縄には、「貝の文化」が発生しており、ゴホウラ貝、イモ貝等の大型の貝を加工していた。ゴホウラ貝をくりぬいて作られた腕輪は、伊江島等で製造され、弥生時代の北九州吉野ケ里遺跡や土井ヶ浜遺跡に輸出され、沖縄とこれらの地域を結ぶ「貝の道」が存在していた。一九九七年、宜野座村から椎の木から作られた三千五百年前の船の舳先《へさき》が出土している。造船技術や、操船技術も存在しており、二千年前の中国の古代貨幣である「明刀銭」や「開元通宝」等が発見されており、中国沿岸に近い沖縄の人々が、海外諸国と結ばれ、交流していたかがうかがわれる。このことは近年の考古学により、多くの考古学の研究者によって明らかにされてきている。

沖縄の近海にはさまざまな種類の珊瑚礁が発達していることで世界的に知られる。島々をとりまく珊瑚礁は、外海の荒波から生態系を守る天然の防波堤としての役割を果たしている。そのため、琉球の珊瑚礁は約三〇〇〇種を超える全国でも有数の豊富な貝類が生息する宝庫となっている。

この豊かな海の資源をめぐる交易活動の歴史は、古く弥生時代にさかのぼり、「貝の道」とよばれる遠隔地交易ルートが存在し、南海産のゴホウラという白い巻貝などから作られる貝製の腕輪が、全国各地の遺跡から出土する。その交易ルートは、黒潮に乗って沖縄・奄美諸島から九州に上陸し、瀬戸内海から畿内へいたる一方、さらに日本海沿いに北上し、遠く北海道南部の有珠《うす》一〇遺跡からも南海産の貝製腕輪が出土している。ゴホウラの貝輪は古代社会において宗教的祭祀を司る権力者のシンボルであったと考えられている。

貝製の財貨は交易品としても重要な意味をもつ。とくに南太平洋やオセアニアでは貝貨は食糧資源と交換されるとともに、婚資《こんし》(嫁入り支度金)や紛争トラブルの賠償金として用いられるなど、幅広い社会的役割を果たしたことで知られる。沖縄・奄美近海で採れる貝類もまた、それ自体が貴重な食糧資源であったのみならず、交易品の一種として古くから流通したものである。

交易品としての貝

海産物交易品としてのヤコウガイは、「夜光貝」、「夜久貝」とも一般に呼ばれるこの貝は、殻の表面に白と黒緑色の縞模様があり、老成すると緑色に変わることから、グリーン・スネイルという名がある。

奄美・沖縄諸島から東南アジアや南太平洋など暖かい海に生息するサザエ科の大型巻貝である。貝殻の内側にある真珠色の光沢が珍重され、古くから「螺鈿《らでん》」の材料として利用された。

ヤコウガイは、その主要な産地の一つである奄美大島の海岸砂丘遺跡では、約二〇〇個から一〇〇〇個という大量のヤコウガイが発見されている。九〜一〇世紀頃の松之尾《まつのお》(鹿児島県枕崎市)、ミサキ(同・瀬戸内町)遺跡から発掘されたこれらのヤコウガイは、交易品としての性格をおびたものと推測されている。美しい光沢をもつヤコウガイ製の酒盃《しゅはい》が、平安時代の貴族社会で用いられた。

こうした「屋久貝」=ヤコウガイの交易に関わっていた京都の商人が、『新猿楽記《しんさるがくき》』の中に登場する。「八郎真人《まひと》」という名で、「蝦夷地《えぞち》」から奄美諸島の「鬼界島(=喜界島)」まで移動しながら遠隔地交易をおこなった。その交易品として金銀・真珠・琥珀・硫黄などのほかに「夜久貝」が含まれており、これは奄美諸島のヤコウガイを仕入れたものである。これはもちろん沖縄島北部など西海岸を中心とした私的な貿易として当然のように存在していた。

一五世紀に入ると、琉球王国の朝貢貿易において「螺殻《らかく》」とも呼ばれたヤコウガイが、中国へ大量に輸出されるようになった。その「螺殻」の輸出状況を『歴代宝案』には、一四三一(宣徳六)年に一万一五〇〇個、一四三四(宣徳九)年には八五〇〇個という膨大な量の記録がみられる。こうした貝類は珊瑚礁の海底に生息する資源を採取して輸出したものである。

これに対し、中国政府は福州に入港する琉球船の積荷をチェックして関税を徴収する体制をとるようになった。一四三六年(正統元年)の進貢船の場合、「海螺殻九十、海巴五万八千」が税関に申告漏れであるとして摘発されており、ヤコウガイやタカラガイ(海巴)が密輸された状況がうかがえる。この密輸については、中山国―つまり沖縄島の一部―が琉球国としての公貿易に対して、中山国以外の地域からも持ち込まれていた。海産物の輸出はその後も続けられ、一五九六(万暦二四)年の進貢船には、「花螺」一〇〇個、「海螺」二〇〇〇個などのヤコウガイが積載された。これらの輸出海産物は一六三〇年頃から馬・硫黄とともに正式の朝貢品として位置づけられた。

以上のように、珊瑚礁資源に恵まれた琉球では、「海の賜物」というべき豊富な貝類を対外貿易用の輸出品として利用し、海にかこまれた地域的特性を有効に生かしたユニークな貿易形態をとったことが注目される。

最近北海道有珠遺跡から、南海産貝(ゴホウラやイモガイ)製の腕輪・垂飾《すいしょく》が出てきた。もともとの分布から、琉球弧《りゅうきゅうこ》から九州西海岸を経て九州北部、そこから瀬戸内・近畿への道と、玄界灘経由山陰に至る道が確認されていた。先島・沖縄諸島と北海道までもの日本列島が、特殊交易で繋がっていた。加工の容易な銅製の品などに置き換わる弥生時代になると、貝の道も縮小され、奄美・沖縄先史と九州文化との交渉も少なくなっていった。

当時の航海術で、偶然的漂流のみでなく、黒潮逆方向往復とすると、沖縄・奄美・トカラという「道の島々」経路が想定される。

最近、貨幣の道七〜九世紀の時代の所在も指摘されている。沖縄先史時代末期とグスク時代遺跡から中国産「開元通宝」の出土があり、これは貨幣経済導入・鉄器購入を示し、有力支配者「按司」の出現時代を迎える。その後の滑石製石鍋《かっせきせいいしなべ》・カムィヤキ交易（一一〜一四世紀）も、海上の道ルート交易であった。琉球産ヤコウガイ・硫黄・赤木（刀の柄）と、長崎西彼杵《にしそのぎ》半島製の石鍋（九〜一二世紀）・九州本土の雑器カムィヤキとの交易が、八重山諸島にまで及んでいる。

「琉球」と「奈良・平安朝」との交易は、黒潮と季節風で、島伝いに活発であった。一一世紀前半建立の平泉の中尊寺金色堂《ちゅうそんじこんじきどう》には、沖縄の夜光貝が螺鈿細工《ざいく》に使われている。

先島スク（城）の場合は、それ以前、沖縄本島でグスク（城）が形成され、交易も盛んになるころ、民間の中国商人との私貿易（密貿易—招撫政策に応ずる諸国との朝貢貿易以外は禁止されていた）であった。先島側交易民間集団は、九州からの商人・武士が、在来の人たちと融和し、八重山・宮古の各島々を拠点に中国南部と積極的な交易をしたのではないかとされる。鉄器の生産技術、滑石製石鍋（長崎西彼杵半島産）、類須恵器《るいすえき》（徳之島カムィヤキ系陶器）、玉縁《たまぶち》白磁・褐釉《かつゆう》陶器（中国製）等を携えて南の島伝いとヤマトとを結んでいた。中国陶器類は当時珍重品であった。室町幕府の貿易利潤独占のなか、茶道普及で富・権力の象徴となり、商人の暗躍が利益を生んだ。その出土品がスク跡地では何万点にもなる。中国製染付・南蛮陶器なども出てくる。交易には黒絹綾・綴細絹・五色ガラス珠・鉛鋼・白錫等を貨幣代わりに用いた可能性も高い（一二世紀後半フィリピン・中国商人との交易）。

数十人が住んでいた宮古島保良《ほら》からも東南アジア・シンガポールに向け一三一七年に交易船が出ている。中国商人が見返りに求めたのは八重山産品の、タカラ貝、ヤコウ貝、ジュゴン、牛皮、フカヒレ、ナマコ、タイマイ、織物（上布・芭蕉布）、薬草などの産品であったとされる。

一一世紀後半～一二世紀頃の、鉄器をつくる鍛冶炉の跡（すり鉢状の穴の形で直径一五～二〇センチメートル）で二〇基以上見つかった。大量の鉄滓《てっさい》（鉄くず）も確認され、砂鉄や鉄製品を溶かし、鉄器を生産していた。土製ふいごもあった。

奄美大島以南から沖縄・与那国島までの島々の鉄器生産拠点だった可能性や、炉の多さから鉄器製造の技術者集団が東シナ海を渡って島に移り住んでいた可能性も指摘されている。また中国沿岸部からも技術を持った人々の移動も考えられ、東アジアでも重要な位置を占める存在として、歴史地理的な見直しもなされ始めている。

米作《べいさく》技術を学んだ南九州人が海に浮かんで、奄美大島から沖縄の島々に渡り、各地に定着し、先住の人びとと混合しつつ、米作農業を普及し、部落生活を形成したと想定することができる。そして鉄器を帯同しても、この島に鉄資源がなく、再生産は不可能で、生産性の低いままの社会が一二、三世紀までつづいたと見られる。部分的、散発的の輸入、武装者、鍛冶工人の渡来があったことは、おもろに散見する。あらゆる道具の革命が行われたのは、一三世紀から一四世紀にかけてである。金属農具の使用と共に耕地は低湿地にまで拡大され、新しい村ができる。新村はもはや、マキョではなく、地縁団体である。生産は増大し、人口は多くなる。変革は生産機構にとどまらず、舟が大きくなったため、物の交換、流通の範囲も拡大する。

これらの交易を推進した新しい指導者や統率者が渡来人を含めて各地に定着する。その後これらの人が按司とよばれるようになった。按司は、いちはやく、鉄器に着目し、最初は武器として、更に農具、工具としてこれを入手した。一四世紀のはじめまでに、沖縄本島を中心に、北は奄美大島、南は宮古、八重山まで、按司たちの支配に入ったといわれる。

奄美地域の交易

奄美諸島では、一〇世紀以降、奄美は中央政府への朝貢をやめた。日本の中央はその頃、貴族の政治から武家の政治への移行期という不安定な時期に入っていた。その一方で、奄美の経済圏は、沖縄や中国を巻き込んだ独自の交易を拡大させていた。もはや本土との交易に頼る必要がなくなったことで、『小右記《しょうゆうき》』にみられる事件は不平等交易で被った積年の恨みを晴らすための落とし前的報復行為が、度重なる乱人事件だった。

この頃徳之島で、カムィヤキ土器という、高麗の技術を取り入れたと思われる須恵器が生まれ、琉球各地へと伝わった。長崎県西彼杵半島製といわれる滑石による石鍋も、この地域の遺跡で多く見つかり、それも当時の主要な交易品だった。日本本土との取引が薄れても、中国から夜光貝の旺盛な需要があった。陶器類の取引も、中国あるいは朝鮮半島（高麗）との間で活発化していた。

唐の開元通宝が直接もたらされたと考えられる。奄美の面縄《おもなわ》貝塚、沖縄の熱田貝塚（国頭郡恩納村）、野国貝塚（嘉手納町）、兼久原貝塚（本部町）、連道原貝塚（読谷村）、北原貝塚（久米島具志川村）、謝名堂貝塚（久米島仲里村）、赤埼貝塚（石垣市）、仲間第一貝塚（西表島竹富町）の遺跡から検出され、異常な密度の高さである。当時の琉球弧と大陸との間に人々の往来があったからこそ、使船の航路に採用されたもので、寄港地の島々も、それに対応できる社会組織を備えていた。遣唐使船は九世紀にいたって廃止されるが、その理由のひとつが、唐商の往来が活発になり、あえて危険を冒す必要がなくなったことにあるのである。南島路は主要なルートではなかったにせよ、この意義のある航路であった。航海上、東シナ海の荒波にも十分に耐える知識と技術を持って船舶が通っている。そして琉球弧の島々でも、中国大陸や東南アジアなどに向かう人々が登場してきたと思われる。

考古学的には、当時の琉球弧の鉄のなかには、大陸産の鉄があった可能性が強いという分析結果もある。牧港貝塚（浦添市）に集積された砂鉄の分析では、その産地は種子島方面をさしてはいるが（沖縄には砂鉄がない）、これについて、東シナ海の活況を示し、また、中国と関連との指摘もある。

実際、基礎的な生産用具に鉄を使用することが相当程度にゆきわたった時代であり、その素材を大陸からの直接輸入しはじめた可能性があり、次の激動の時代を準備した時代でもある。

突如として鉄の使用量が飛躍的に増大し、農耕と家畜の飼育が爆発的に広がり、本格的な政治社会の幕が切って落とされ、全シナ海域の沿岸、島嶼と交渉をもち、アラビア商人とも接触して、はるか西方の物音を耳にしながら、琉球弧の人々が一挙に東アジア史のなかに躍り出た、ということになる。激動のはじめのころ、つまり一二世紀の歴史事象といえば源平争乱が思い浮かぶが、このとき、トカラ列島が両陣営の争奪の対象になっている。たんなる漁業権の帰属の問題ではなく、奄美、沖縄からさらにその先に続く航路の制海権が争われた。その後、須恵器系の焼き物は、徳之島の窯で生産されたものであることが判明するが、これほどの生産施設そのものができた背後には、それを成立させるだけの経済的な力が、すでに存在していた。

中国史料にみる琉球弧

唐代の七世紀後半に、海路を利用してインドに往復した僧侶義浄《ぎじょう》は途中、シュリーヴィジャヤ国に滞在している。彼が見聞したことが『大唐西域求法高僧伝《だいとうさいいきぐほうこうそうでん》』(六八九—六九一)などに記録されている。

それによると、すでに六七二年にはペルシア船が中国の広州に来航している。これらの船はいずれも中国産の絹織物を手に入れることを目的として中国を訪れていたのである。こうしたペルシア船、アラブ船の来航は年を追うごとに盛んになっていった。ペルシア商人、アラブ商人は広州や泉州といった港市に巨大な居留地を形成し、アラブ帝国からもたらされた金銀で中国産の絹織物を手に入れることを目的として中国を訪れていたのである。

また義浄は『大唐西域求法高僧伝』の中で次のように述べている。

> 羯茶〔マレー半島のケダ〕より北行十日ばかりにして裸人国に至る。東に向かいて岸を望めば一、二里ばかりなるべし。但《ただ》耶（椰）子樹、檳榔林の森然として愛すべきを見るのみ。彼ら船の至るを見て、争いて小艇に乗るもの盈百数有り。皆耶子、芭蕉《バナナ》及び籐竹器を将《も》ちて来り、市易を求む。其の愛する所の者は但鉄のみ。大なること両指の如きも耶子を得ること或は五、或は十なり。（中略）此の国既に鉄を出さず、また金銀も寡《すくな》し。ただ椰子藷根《しょこん》を食して稲穀多きこと無し。是《ここ》を以て盧呵《ろか》を最も珍貴と為す。〔原註、この国鉄を名づけて盧呵と為す。〕（中略）若《も》し共に交易せざれば、便《すなわ》ち毒箭《どくせん》を放つ。

この記事から、まず第一に重要なことはこのマラッカ海峡を通過する遠隔地貿易船がこの地域でもっとも関心を持っているのが金銀だということである。これはいうまでもなく中国に金銀をはこび、中国産の絹織物などを購入するのにあてるためである。しかし金銀が少なければ、現地の住民はその土地の産物を用いて交易を行わなければならない。それがこの地方では椰子の実、バナナ、それに籐や竹で作った器物なのである。

このように航海中の船に接近して来てかれらが求めているのがここでは鉄である。つまりかれらは貿易船の主要な積荷である金銀、あるいは絹織物ではなくて、自分たちが生活に必要とする品物、ここでは鉄を求めているのだということに注意したい。この時期にこの地域ではまだ石鏃《せきぞく》が用いられていたことが知られており、ここでかれらが求めている鉄は刀や鏃《やじり》などの武器をつくるために用いられたのであって、必ずしも農具をつくるためのものではなかったと思われる。その証拠には「稲穀多きこと無し」と記されている。人間は必ずしも農業だけに熱心になるものではないのである。

こうして入手した鉄材でつくられた道具は、それを持っているかに決定的な格差をうみ出す。自給自足の経済と交換経済との決定的な差がここにはある。したがってかれらはだれしもが真剣になって交易を試み、そして要求がみたされない時には、必死の思いで「毒箭」(鏃に毒の塗ってある矢)を放って「海賊」に変身するのである。

この記述ではこうした海賊行為がいわば個人ベースで行われているが、もちろんこれが港市単位、あるいは国家単位で行われる場合もある。その一つはこうした貿易船と交易するための商品を周辺の各地から掠奪し、それによって貿易船を誘致する場合である。またもう一つは貿易船を武力で強制的に入港させ、有無をいわさず取引を行う場合である。いずれにしても西アジアと中国の間を往復する貿易船のもたらす品々は、こうした通過地点においても住民の間に決定的な重要性を持っていたということがわかる。

一二四三年、日本の寛元元年の九月八日に、肥前《ひぜん》国の小置賀島《おちかのしま》から出帆して大唐(宋の国)に向かった日本商船が、暴風に逢って、九月十七日に流球国（琉の字ではない）に流れ着いた。そのときの記録が『漂到流求国記《ひょうとうりゅうきゅうこくき》』で、昭和三十七年三月に、宮内庁書陵部《しょりょうぶ》から公開された。その流球国が、台湾あるいはその属島でないことは明らかであり、沖縄本島か宮古島か八重山かと思われる。これを沖縄本島とすれば、沖縄のどの海岸であろうか。本部半島か、読谷か、浦添の牧港あるいは泊港が考えられる。また『漂到流求国記』の中にある画像（国立国会図書館デジタルコレクション）には、だれしもが真剣になって交易を試み、そして要求がみたされない時には、必死の思いで「毒箭」を放っている様子が見られる。

『三国志』（著者陳寿《ちんじゅ》は晋の人）呉志呉主伝第二には、

…（黄龍）二年…遣将軍衞温・諸葛直将甲士万人浮海求夷洲及亶洲。亶洲在海中、長老伝言秦始皇帝遣方士徐福将童男童女数千人入海、求蓬莱神仙及仙薬、止此洲不還。世相承有數萬家、其上人民時有至会稽貨布、会稽東県人海行、亦有遭風流移至亶洲者。所在絶遠、卒不可得至、但得夷洲数千人還。

と亶州《たんしゅう》なる地名が登場する。この亶州は、『三国志』より会稽《かいけい》から「所在絶縁」ということから、台湾より離れた南西諸島（九州島南方から台湾北東の島嶼群）というところにあったと思われる。また『魏志』韓伝の記事から、済州島の住民、州胡《しゅうこ》が中国と交易していたことが記されており、「呉志」の亶洲人が会稽の市を訪れ交易していたという。

亶州について白鳥庫吉《しらとりくらきち》は種子島をあて、金関丈夫《かなせきたけお》も次にのべる貝符の存在から、その考古学的な裏づけをしている。そのことから種子島かその付近の住民は会稽郡にでかけて行き、時々交易していたことが知られるのである。亶州の民にはそれが可能だということは、亶州人が航海術に勝れていたことを物語っている。

古代中国の歴史書『三国志』の「呉書《ごしょ》」の「孫権伝《そんけんでん》」（あるいは「呉権伝」）に、中国・江南の遙か海上にある亶州という土地のことが書かれている。秦の始皇帝が徐福を遣わした先であるとか、この土地の住民が布を買いにくるとか、時折遭難の漂着地となっていることなどの記述が残る。また、『後《ご》漢書《かんじょ》』「東夷伝」にも「亶州」についての記載がある。

もし「亶州」が種子島であれば、この島は古代から中国との交易があり、古代交易者たちの出入りする土地であったことになる。中国まで出向いて買い求めた布は、種子島島内で売りさばくものであったのか、あるいは種子島が大隅諸島の他の島々や九州南部をカバーする広城交易市場のセンターで、物資の集散地であったことが考えられる。古代中国の史書にある、「遭難の漂着地」という記述も、気になるところである。後世ポルトガル人たちも、航海中の船が種子島に漂着し、その偶然が鉄砲伝来という歴史の改行点となった。古来種子島は、漂船の寄り来る地として、自《おの》ずと人為の集まりやすい条件を持つ土地だった可能性がある。

これは沖縄本島から種子島に至る地域の住民が、長期間、中国東海岸の住民との交易を行っていたことを示す資料となりうる。

亶州と同類で近い場所であったことが窺える。紵嶼《ちょしょ》という言葉からすれば、それは奄美から沖縄にかけての地域、すなわち琉球文化圏に比定されることは容易にうなずける。紵《いちび》は西アジアからインドにかけての原産で、繊維をとるために中国を経て古く琉球列島や日本に渡来したと云われる。

村井章介氏は、中世に中国・高麗・日本を往来していた船は、長さ三〇メートル、乗組員数六〇名くらいが平均的な大きさだという。一九七二年に中国福建省の泉州で発見された一三世紀末頃の船もほぼ同じ大きさである。このありふれた船一隻の積んでいた陶磁・銅銭の量たるや、おそらくこれまで日本国内で出土したものの総量に匹敵すると、貿易のトータルな規模は想像もつかない。一三世紀なかば以降の日本におけるめざましい商品経済の発展は、広範な階層に「唐物」への需要を産みだした。この需要にささえられて東シナ海に登場した海上交通のネット・ワークは、従来の予想をはるかにうわまわるほど密なものだったと考えざるをえないという。

古琉球時代の交易

明国は琉球に対し一三八五年、大型海船(進貢船)を無償提供している。『明実録』には「中山王察度、山南王承察度に海舟各一を賜う」と記録されており、山北王の名前はない。山北王に海船を提供しなかったのは、すでに山北王は、海船を持っていたからである。今帰仁城跡からは、ビロースクタイプや今帰仁タイプの中国陶磁器が出土しており、明との朝貢貿易以前に、中国との交流があったことが明らかになっている。つまり北山は仲北山の時代には大型海船を持っていたことが窺われるのである。従来、「正史」の記述によって三山の朝貢回数が山北は最も少なく、文化的にも遅れているとされたが、文献にはあらわれない大規模な交易活動を展開していた。「正史」は中山王統の正当性を主張するための書物のため、当然山北の仲北山の繁栄した時代のことには触れない。仲北山の時代、安定した恒常的な海上交通を担うようになっていたのではないかと思われる。そのような安定した海上交通を不安定にしたのは、中国大陸における元朝の衰退である。海上には多くの避難民が浮かんだと思われる。その中には海商を中心としたグループもあり、新天地に拠点をおいて交易の取引を展開したと思われる。琉球においては、察度の父親の奥間大親《おくまうふやー》、怕尼芝など沖縄島に拠点を置き、その後交易活動を展開していたと思われる。

第五章　山原のグスクと出土物

グスクと河川

一般的にグスク時代とは、一二世紀から一五世紀初頭を指す。考古学の立場からするとグスク系土器や須恵器の出土する一二、三世紀頃から、中山・山南・山北の三山の名が『明実録』にみられる一五世紀初頭までの、中国製の陶磁器などが大量に出土する時代である。

従来のグスク研究は専ら考古学的調査によって進められてきた。考古学の成果は、グスク研究の基本をなすものである。またグスク解明の手がかりは考古資料ないし文献史料を別にしても、口碑伝承などまだ幾つか存在する。琉球列島は中世期の頃、地殻の変動で陸地が隆起、海が内陸深く入り込んでいた。ここで河川もその手がかりの一つとなる。

中城按司護佐丸は山田グスクに住し、ついで座喜味グスクに移り、さらに中城グスクに転じたとされているが、その城郭規模の拡大は河川規模の拡大と一致する。すなわち良港を求めてテラ川から長浜川へ、長浜川から普天間川へと移動する過程で多くの富の増大蓄積があったことを現存のグスク遺構は物語っている。中山（首里グスク）の勢力伸長についても那覇・泊両港との関連を無視するわけにはいかない。「みなと」は富の源泉であって、官貿易ないし私貿易を通じて齎《もたら》される富の争奪において総じてグスクと水運が不即不離の関係にあることは、明らかであり、こうしたグスクのもつ自然地理的側面を注目する必要がある。

仲北山系按司のグスクには、河川及び河口付近の港は、同族による共同使用が原則のように見える。天願《てんがん》川流域の伊波グスク・安慶名グスクは同族であり、普天間川の支流ヌーリ川流域にあるダイグスク・中城グスク・大城グスク・安谷屋《あだにや》グスクも同族である。主な仲北山系に関係のあるグスクと川について示す。

白比《しるひ》川は、沖縄市の山内あたりの渓谷に源を発し、山里・屋宜原・吉原を経て西流、海に入るのが本流である。河口付近に北谷グスクがある。

比謝川には、多くの支流があるが、本流は沖縄市越来一帯を上流とし、松本・池当・知花・屋良・水釜を経て河口の渡具地に達する。上流付近に越来グスク・知花グスク、中下流域に多くのグスクが点在する。勝連の阿麻和利《あまわり》はもとこの比謝川中流域にある屋良に根拠地を構えていた。後に東の勝連《かつれん》半島に進出した。

長浜川は、読谷村の東南部より流れ出て、西流して長浜港に至る。中流に高山グスク、上流に座喜味グスクがある。現在の長浜川は土砂で埋まり、河床はかなり高くなっている。

テラ川は、読谷山岳に源流があり、山田・真栄田を経て西流、海に入る。中流付近に山田グスクがある。

天願川は、うるま市(旧石川市)字山城の西南山麓に源があり、栄野比・川崎・安慶名・天願を経て東流、海に入る。河口付近を赤野港原という。上流に伊波グスク、中流付近に安慶名グスク、河口近くに具志川グスクがある。

照間《てるま》川は、うるま市(旧勝連村)字西原一帯に源があり、与那城を経て金武湾に流入する。上流付近に勝連グスクがある。但し照間川は小規模な河川であり、上流が平安名あたりにまで達する屋慶名川を利用した可能性が考えられる。

志慶真《しげま》川は、今帰仁村猪ノ平原に源を発し北流して海に入る。河口付近を親泊という。中流の川に面して今帰仁グスクがある。

屋嘉比《やかび》川は、大宜味村田嘉里にあり、田嘉里川ともいわれる。当時は屋嘉比川の入り江が深く、船が入り込んでいた。近くに根謝銘《ねじゃめ》グスク(国頭グスク)があり、この城の北を流れる屋嘉比川の河口に開けた港は、本土との交易の拠点であり、この港を通じて按司の支配にとって重要な鉄がもたらされた。

幸地《こうじ》川は、名護市街地を流れる。名護岳に源を発し、名護城跡の南側をぬけて名護湾に注ぐ川である。往時は名護グスクの港として、仲北山系按司の城のひとつとしての交易の拠点として機能した。

以上いくつかの仲北山系のグスクの事例を取り上げて、グスクと川との関わりを主として自然地理的側面から見てきた。これらの事例から少なくともグスクには川が付随してあること、そうしてこの両者は単に偶然そこにあるわけではなく、川を利用しうる場所にグスクが形成されていること、その河口付近は「とまり」「みなと」「くち」「じょうぐち」「うら」「はま」などと呼ばれていたこと、ことに内陸部にあるグスクについては、川を交通路として確保することによってのみ存続発展が可能であること等が明らかとなる。すなわち「うら」（浦）を支配するものがグスクを支配し、グスクを支配するものが「世の主」「按司の中の按司」と呼ばれたのである。

グスク（城）・ミナト（港）・テラ（寺）・ウッチ（掟）を一体のものと考える時、そこに見えてくるものは、各々のグスクが独自に対外私貿易を営んでいたことである。例えば今日グスクから出土する夥《おびただ》しい量の磁器片は、これらの私貿易によって齎らされたものでる。

山原の五つのグスクから中国製の陶磁器が出土する。グスクはいずれも港を抱えているので、今帰仁按司を中心に仲北山系ネットワークで私貿易を展開していたのである。その後外部勢力で私貿易を展開していた怕尼芝が、仲北山の仲宗根若按司を滅ぼし、仲北山の交易のノウハウを活かして交易を展開する。とくに馬や硫黄の調達ルートを確立していたと思われる。そして更なる勢力拡大を目指し、公貿易として察度についで明に入貢した。

怕尼芝は後北山の山北王として『明実録』に現われる前は、察度の朝貢貿易に関連した取引をしていたことになる。仲北山系の山原地域を領地としていたのではなく、周辺の離島や今帰仁・本部を中心に交易活動を展開していたのである。『中山世鑑』によって怕尼芝が山北王として山北地域の土地人民を支配していたという記述が、歴史上での混乱を招いている。繰り返すが、山北王としての怕尼芝による山原全域のグスク支配と統治がなされていたわけではない。『中山世鑑』はあくまでも中山の「鑑《かがみ》」として、また『中山世譜』は中山の家譜《かふ》として扱わなければならない。これらの「正史」は、柳田國男が来沖したおり指摘したように「単なる中山の王統史」である。古琉球史全体の歴史書ではないのは明らかである。

怕尼芝から逃れた仲北山の子孫は活動拠点を移して、また伊波按司を中心に仲北山系ネットワークで私貿易を展開した。朝貢に関係するグスク以外の他のグスクについての交易記録は皆無であるが、逃れた先述の各仲北山系のグスクに出土する陶磁器等にみられるように仲北山系の按司たちは私貿易を再開して、一族の今帰仁を取り戻そうと画策《かくさく》していたのである。そのことは後に尚巴志の協力で実現する。

地方史（誌）にみる交易上の出土物

『かんてな誌』（旧羽地村）には、カンテナ港の地形は、内陸深く入りこみ水深く天然の良港を形成していた。現在の仲尾次《なこうし》からは、想像もできないほど地形が変化している。また福建石《ふっちゃーいし》と呼ばれる船をつなぎ留める石があり、福建との交易上の関係がうかがえる。

琉球列島は中世期頃、地殻の変動で陸地が隆起したといわれ、当時の有力按司は例外なく良港をもっている。これは政治、経済、武力を伸長するためには、どうしても交易によって農具や工具および軍事的支配を強力にするため、武器を輸入する必要があったからである。輸入の主な相手は、日本本土であり、その仲介をはたしているのが、伊平屋や道の島々であった。筆者の子供の頃近年まで続いていた伊平屋や屋我地との通商は古代からの交易の片鱗を物語るものである。

『崎山誌』(今帰仁村)には、グスク系土器や須恵器、それに中国製の陶器や青磁器の出土する遺跡として謝名大島原(ウンジョウヘイ)遺跡のことがある。この遺跡から出土するグスク系土器は、口縁部が内側へ湾曲した平底の壺型である。表面には、千枚岩の破片があばた状になっている。同じくグスク系土器でありながら波型をした板状の破片も数点見つかっている。グスク時代の遺物ばかりでなく、沖縄貝塚時代(前期・中期・後期)の遺物も出土し、グスク時代以前の性格を持った遺跡でもある。謝名大島原遺跡は、標高約五十メートルの石灰岩の丘陵に位置し、丘陵地の南斜面からグスク系土器や須恵器、陶器・青磁などの遺物が表採されている。背部が御嶽になっており、御嶽を背にして集落が発達している。丘陵の下の方は水の便がよく水田が発達していた。御嶽の東部に石積みの遺構がある。これらのことから、グスク時代の謝名《じゃな》の情況の一端をうかがうことができる。

『瀬底誌』(本部町)によると、瀬底貝塚(ウチグスク遺跡)は、平成元年―二年の遺跡分布調査では、遺跡の位置する拝所、畑地およびその周辺にわたって踏査が行われた。遺跡地に二か所ある拝所のうち、西側の拝所周辺(祝女火の神)ではわずかに青磁、白磁片等が採集された他はほとんど近、現代の碗であった。南側の拝所入口付近(東の御嶽、ムーチースネードゥクル)では、遺物包含層とみられる黒色土が確認され、一帯には土器、貝殻、石器、古銭(洪武通寶)が採集された。拝所内では青磁片、貝殻が散布している。また、東側の雑木林から崖面にかけて青磁片、須恵器片、貝殻等が採集されている。西側の畑地一帯では遺物の散布は確認できなかったことから、遺跡の主体は南―西側の台地縁辺部にあるものとみられる。また、遺跡の南側の畑地では近世に属する在地陶器碗が採集されている。

『川上誌』(旧羽地村)には次のようにある、親グシ(ス)クは集落の南側山地の中腹にあり、ウェーグシ(ス)クと呼ばれる部分は平坦になっていて、北側には石垣の遺構と見られる部分がある。川上遺跡は公民館の西側斜面にあり、グスク時代の土器片が採集されている。谷田遺跡は谷田アサギのある小高い丘とその北側の低地に広がる。赤瓦や沖縄製陶器、線刻蓮弁文の青磁器、一四世紀、一五世紀の染付・白磁、それにグスク時代の土器や南蛮陶器などが採集されている。

一〇世紀には沖縄で稲作が行われていたと云われている。これは遺跡などからの炭化米などの出土によって確認されている。川上ではどこでいつ頃稲作が行われたか、まず場所だが、推測すると神田があるクバヌウタキ周辺とホードゥヌアサギの周辺の谷々の天水田から始まったと考えられる。谷田村をホードゥヌと呼んでいるが谷田村は稲作の最も古い地域であった可能性がある。一〇世紀頃の稲作は水稲で、いかに水を確保するかが課題であり、森の谷々が多くあるホードゥヌは最適な場所であったと考えられる。まず始めに谷々の水を利用して稲作が始まり、後に川からの水を利用する用水路の整備を行い、多くの収量を得たものと考えられる。クバヌウタキの近くにはクバマタ川があり、古くから用水路が作られていた。

『仲尾次誌』（旧羽地村）には、ウイグシ（ス）ク周辺には遺跡がある。名護市教育委員会の昭和六十年から昭和六十二年の調査によると、仲尾次ウイグシ（ス）ク、ナカグシ（ス）クの二つの拝所をもつ。これまでの表面調査において、南蛮陶器が採集されているが、今回の調査でグスク土器、類須恵器、中国磁器と日本製陶磁器などが得られた。中国磁器は一三世紀後半から一九世紀までのものが得られており、親川グシ（ス）クとほぼ同時期の遺跡と捉えられる。上グシ（ス）ク周辺から碗や皿といった日用雑器類が出土することから集落があったものと推測されている。

古老の話によると、当時の仲尾次馬場は大変なにぎわいで、港には遠く与論、徳之島あたりからも山原船が出入りし、博労《ばくろう》たちが牛馬の売買をしていたという。

『田井等誌』（旧羽地村）は次のようにある。今から九〇〇年～一二〇〇年を時代年表ではグスク時代としているが、田井等《たいら》周辺のフ（ヰ）ガヤ遺跡、デーグシ（ス）ク遺跡、田井等遺跡などは、いずれもこのグスク時代からの遺跡とされている。これらの遺跡からは、グスク時代の土器、中国製青磁、染付、南蛮陶器などが発見されており、昔のテーヤンチュー（田井等の人）の交流・生活の様子も垣間見ることができる。

『源河誌』（旧羽地村）には、源《げん》河《か》大《うふ》グシ（ス）ク遺跡から表面採集された遺物は、土器、陶質土器、陶器、磁器、瓦がみられる。

『羽地村誌』によると、今の稲田小学校敷地は波のフェーと呼ばれ、満潮のときには、そのあたりまで海水が逆流し、近年まで舟も遡航していたという。また平地帯の中の所所には深田または船田といって昔は舟を浮かべて田植えをしたというところもあり、さらに、川底や地を掘ると貝ガラ類の出ることや、平野全体が内ふところになり、海岸一帯に小丘が連なっている地形から推しても、そこはもと海であったと思われるという。

後北山の山北王怕尼芝は、地味肥沃な羽地地方を経営して高価な米を保有し、それをもって貿易し、富を蓄えたと云われる。親川部落の北側にある森の頂上に親川グスクを築き、そこへ移ってからは城下にある沼を利用して大きな池を造らして養魚もしていたことが、その付近に「イユグムイ」と地名が残っていることから知れる。親川グスクからはグスク土器、青磁、青花、南蛮陶器などが出土している。

『名護市の遺跡一覧』によると、久志集落の東側にある標高約二〇メートルの平坦な丘陵は、集落の古島(以前の集落)と言い伝えられており、ここから喜名焼または知花焼と思われる沖縄製陶器を中心に、中国製青磁、南蛮陶器、灰色瓦、そして壷屋焼の陶器などが出土している。

久志古島遺跡の北側で、近代まで利用されていた水田の跡が確認されている(久志前田原水田遺跡)。一番古い水田層からは一五世紀頃の中国の青磁が出土しており、この時期には水田が営まれていたことが分かる。

以上いくつかの山原の地方誌からもわかるように、グスク時代各地に相当量の中国製の青磁器や白磁、南蛮陶器、日本製陶磁器などが出土している。また、稲作も盛んに行われたことがわかる。

遺跡の出土物

遺跡の少ない東海岸ではあるが、宜野座村にくると増加してくる。これは後背地が台地地形となり人間の活動の場が広くなっていることによるものとみられる。

グスク時代の遺跡は丘の上のほかに洞穴にグスク土器を伴う例も多い。漢那《かんな》遺跡は石灰岩の丘にあり、一九八一年に地元の知名定順《ちなていじゅん》氏により発掘された。多数の柱穴が検出されたが明確なプランは把握されていない。グスク土器、須恵器、中国青磁、白磁、染付、沖縄産陶器などが出土している。

また、漢那福地川のダム化に伴う谷間の小盆地の発掘で、初めてグスク時代の水田跡の検出に成功している。グスク時代の水田はやはり谷水田から開始され、その後平野部に発展していったようである。

沖縄本島北部の今帰仁村の運天港を発した船が、伊是名島の東岸仲田港に入ろうとするところの南側に独立して切り立つチャートの岩山が伊是名グスクである。西側と東側に二つの項上部があり、西側の方が高い。岩山全体が断崖状になっているなかで、北東側はややゆるやかな傾斜面や小テラスがあり、この一帯の一部に土留めの石積みや城壁が築かれている。麓の低地平坦部から上方への登り口にかけては、無数の海産貝の散乱とともに中国陶磁器、須恵器、高麗青磁片が出土している。

久志貝塚の近くにはグスク時代の遺跡があり、さらに古島とよばれる旧集落もあり、これらは久志地域に生活した人々の集落の移り変わりを示すものとしてとらえられるという。貝塚付近の湿地からは一五世紀ごろの中国青磁とともに水田跡も確認された。彼らは農耕と鉄器の普及したグスク時代に至って貝塚付近の自然湿地を利用して水田を開き、新しい時代に対応していったと思われる。

金武町最古の遺跡は億首《うくんび》川河口の西先謝原《いりさちじゃばる》遺物散布地といわれ、グスク時代の遺跡がある。そのグスク時代の遺跡は丘の上や洞穴の入口などにみられる。グスク土器や中国磁器が出土している。

北山世《よ》の主《ぬし》今帰仁グスクは海を隔てて近いが、後北山王国の怕尼芝が勃興するまでは、特に近隣按司との主従関係はもたず、徳之島、沖永良部島、与論島そして伊平屋島など周辺諸島との交流、ないし按司同士の小競り合いがあったと考えられている。ここまでは人口も精々数百人ほどの孤立島であった。

一四世紀、怕尼芝が今帰仁世の主、丘春らを討ち後北山を開くと、伊江島は伊平屋島とともに北山王に入貢し、その支配下に入ったと考えられている。

琉球において特徴的な、グスク時代最盛期の土盛りや石造りのグスクの遺跡は少ないが、中世琉球弧共通のグスク時代の遺物として陶磁器、滑石製石鍋、カムィ焼が出土している。後北山の頃から中国との交易品として伊江馬が珍重され、飼育場があったと伝わる。馬の牧、硫黄鳥島の硫黄などから、これらのことは、この山原地域は交易上の先進地帯として見直す必要がある。

首里を中心とした琉球王国成立以前に、山原地域では交易が活発に行われていた。その後怕尼芝から逃れた仲北山系按司と尚巴志の協力によって怕尼芝王統の攀安知《はんあんち》を滅ぼした。山原地域の交易が、尚巴志を中心とした国家としての交易に発展していった（拙書『古琉球史論』に記述）。

第六章　仲北山系按司について

仲北山時代のモンゴル帝国

八三八年の遣唐使の廃止も、普通、唐の衰退、航海の危険などが理由とされるが、実際は、九世紀後半、唐の律令が形骸化し、民間商船の往来が頻繁となり、国家がわざわざ多額の費用をかけて、船を出す理由がなくなっていたからである。唐代末期、東アジアの海域は、新羅《しらぎ》商人、イスラム商人の活動が盛んで、それに唐や日本の商人が触発された。遣唐使の廃止は、当時の東アジア海域の実態に即したものであった。その後、民間商船の活動は盛んになり、元代、一四世紀にピークに達する。しかし、日元《にちげん》交流は、モンゴル帝国時代のユーラシア大交易圏の諸相の一つに過ぎない。

遣唐使の廃止は、このような当時の東アジア海域の実情をよく認識していた菅原道真《すがわらのみちざね》の慧眼《けいがん》によるものだった。「唐の衰退と航海の危険」などと言うのは、朝廷の面子《めんつ》を考えた建前にしかすぎなかった。唐はすでに八世紀半ばの「安史の乱」以降、一〇〇年以上にもわたって衰えが目立っていたのにも関わらず、その間も遣唐使は続けられてきた。また、航海の危険などは、遣唐使が始まった時からそうであった。民間商船の往来が頻繁となり、国家が多額の費用をかけて、船を出す理由がなくなっていたというのが本当のところであった。

日元交流は一般的に認識されていないのは、国民の多くが学習する教科書の問題である。日元交流は民間主導であったのだが、教科書などでは、民間主導のものは軽く扱われるか、無視される傾向にあり、それに比べて、遣唐使や勘合貿易などのような国家主導のものは大きく扱われる。また、教科書で、日中交流で登場する人物は、阿倍仲麻呂《あべのなかまろ》、吉備真備《きびのまきび》、鑑真《がんじん》など、遣唐船に乗って行き来した人々であり、民間の商人などは一人も登場しない。こうして、民間主導の日元交流の隆盛は忘れ去られてしまった。国家主義の立場から、二度にわたる「元寇」があり、元と日本は敵国であるという先入観があったからである。

民間商船の往来が頻繁となり、この時期の山原・北山は中北山から後北山へと歴史が変遷していく時代でもある。

モンゴル帝国史の琉球の登場

『混一疆理歴代国都之図《こんいつきょうりれきだいこくとのず》』には、西はアフリカ大陸、ヨーロッパ、中東から、東は中国、朝鮮、日本まで、北はロシア、モンゴル高原、南は東南アジア、インド洋まで描かれている。また、同図には「琉球」が記されているが、そのもとになった元代の二つの地図、清濬《せいしゅん》の『混一疆理図』、李沢民の『声教広被図』も、共に「琉球」を記している。琉球もモンゴル時代になって歴史上はっきりとした形で史料に記されるようになる。琉球は、東南アジア産の胡椒を元朝に朝貢品として送り続け、元にとっては重要な国であった。琉球は、還中国海の各地を結びつける交易ネットワークの重要な拠点であり、従前から仲北山系の按司による交易ネットワークをもっていたのである。元朝の時代、中国では、琉球の存在感は高まり、以降の『混一図』系の地図では、「琉球」は大きな姿で描かれている。

現存する世界最古の世界地図の一つである『混一疆理歴代国都之図』が龍谷大学図書館蔵（貴重資料画像データベース）で見ることができる。

仲北山の歴史

古琉球時代の北山の歴史は先（前）北山、中北山、後北山へと続いていく。ここでは仲北山（中北山）系の按司を中心に考える。

古琉球時代の山原地域はどういう状況であったか。

天孫氏の時代は、海洋民族が穀物と稲をもたらし、また交易活動をしていたことが想定される。平家が琉球に来島後、先に定住していた天孫氏系から王位簒奪をしていた利勇を討ち、舜天王統を立ち上げ、海外との貿易を中心に活動した。また、「いろは文字」や新しい稲作技術などをもたらした。英祖王統代は、舜天系から天孫氏系へ戻ったことになり、天孫氏系代の交易を、伊平屋、久米島を始め徳之島や奄美諸島との交易を拡大した。正史は「中山」という都合上、交易を入貢として英祖王の徳として説いている。四代目の玉城《たまぐすく》王代の一三一四年に、伊平屋と伊江島が、また一三二二年に今帰仁が外部勢力によって陥落させられている。この来島し今帰仁を占拠した勢力は、騎馬民族的要素をもった一団であった。これは、近年の今帰仁城発掘遺物等からうかがえる。また中南部を襲った一団は、後に奥間大親を中心とする者たちで、一三五〇年には、察度を浦添按司に据え、承察度を山南に配置した。この来島した一団は高麗朝鮮系の要素もった一団と考えられる。このことは『明実録』や『歴代宝案』等の同時代史料でわかる。ここに沖縄島北部に怕尼芝（筆者は初代怕尼芝＝奥間大親、二代目怕尼芝が『明実録』にあらわれる山北王怕尼芝と考える）が、沖縄島南部地域に中山の察度、山南の承察度、後の島尻大里、その他怕尼芝や察度等に追われた旧来の勢力が沖縄各地にグスクを構えることになる。とても正史のいう三山鼎立云々にはなりえていないと思われる。

中山王統史についての「正史」に関連して柳田國男は、「沖縄には五百年この方、王朝があったといい、そしてその前にも一万二千年も続いた王朝があったと文献に出ている。その考え方が強く残っていて、歴史を書くときにも王朝のことばかり書いて琉球の歴史であるというので、そうでありませんといおうとすると、どうも衝突を起す。琉球でも国際交通のはじまった元、明、清とだんだん文化が高まり、天下という観念がひろくなって、どうしてもその中心ということを考えるようになった。」と指摘している。

モンゴル帝国末期の元朝の混乱は東アジアを始め各地に影響を及ぼし、難民の大量発生や海上へ逃れた者も多数あった。後に後北山の山北王としてあらわれる怕尼芝はそのような外部勢力として考えられ、硫黄の採掘や取引の方法を知っていた者と思われる。山北王と『明実録』に現われる前は、先述のように、察度と取引をしていた。仲北山系の山原地域を領地としていたのではなく、周辺の離島や今帰仁・本部を中心に交易活動を展開していたのである。

外部勢力によって、一三二二年仲北山時代の今帰仁（北山）グスクは陥落し、本部半島一帯はその勢力に奪われた。これは従前から今帰仁世の主を中心に仲北山系ネットワークで展開していた私貿易活動を奪ったのである。また『明実録』にみられるように、怕尼芝王統は中山察度と交易を展開し、その後察度は明朝廷から冊封されている。

『中山世鑑』によって怕尼芝が山北王として山北地域の土地人民を支配していたという記述が、歴史上での混乱を招いていることは先述したとおりである。

怕尼芝から逃れた今帰仁世の主の一族である伊波按司は、当時、伊波グスク（現うるま市石川）を本城として子孫一族を各所に配置して勢力挽回に力を注ぎ、仇敵怕尼芝（後北山）を狙っていたが、怕尼芝は既に中国とも交易して財宝を蓄積し、山北王と名乗り、権力並ぶ者なく、領土を与論、沖之永良部等の島々まで拡げる大勢力を持っていたので仲北山系の伊波按司一統の小勢ではどうすることも出来なかった。後北山はさらに二代、三代と中国との貿易を盛んにし、益々強大になった。「正史」には三代の攀安知王になってからは権力をほしいままにし、漸く驕り昂ぶり、人民が離反し、国政は日々に衰えるようになったと記述されている。しかし、「正史」は中山王統史を際立たせるために山北の怕尼芝王統は、全山原地域を支配していた勢力として強調され、その強力な王統は中山王統に滅ぼされる役目になっている。

沖縄島南部の佐敷の一角より起った尚巴志が力と人望を得て中山王武寧《ぶねい》を亡ぼし、父尚思紹《しょうししょう》を中山王位につけ、その勢は日々に増すばかりであった。そこで仲北山系の一族は、尚巴志の中山軍と合体し父祖の仇敵、後北山の攀安知を亡ぼすことが出来たのである。

伊波按司は自力ではなかったが、長年の怨敵を亡ぼすことができ、それ以後は娘が尚巴志の妃になるなど、中山の尚巴志を支える貴族となり、また領内の安泰と一族の繁栄に意を注いだ。今帰仁グスクを追われた仲北山系が勢力挽回のために隠忍していた主なる城主は、伊豆味の陣《じん》グスクにマーミ按司、大宜味の根路銘グスクに大宜味按司（国頭按司）、羽地の親グスクに羽地按司、名護グスクに名護按司、山田グスクに読谷山按司（護佐丸は三代目の山田城主）であった。伊波グスクに伊波按司、安慶名グスクに安慶名按司、西原の棚原《たなばる》グスクに棚原按司等の各按司たちであった。

仲北山系按司の居城

次に、それぞれ仲北山系按司の居城としてのグスク（城）をあげる。

伊波グスク　『石川市史』（現うるま市）によると、伊波グスク（伊覇グスク）跡は沖縄本島の中部、石川市字伊波の東北の丘の上に築かれた古城跡である。この城は石川の西南方にあり、低地にある石川の市街と周辺の田野《でんや》を拒《こば》むようにつづいている珊瑚石灰岩の切り立った丘陵上の凡そ中程に、更に一段と高くなったところに築かれた城で、単郭式の山城《やまじろ》で、城壁の大部分が今に残り昔の面影を偲ぶことができる。伊波城跡はもと美里グスクといった。『南島風土記』に、「美里城跡、字伊波の丘上に在り、伊波城と云う。古へは伊波按司の居城である」とある。

この城は北山城主（仲北山）が後北山の怕尼芝に亡ぼされたとき、仲北山の子孫が逃れて来て嘉手《かで》苅《かる》山中の洞窟にかくれていたが、同族の付近の住民が推載して伊波城主にしたと伝えられ、この城主を伊波按司と言い、城はこの伊波按司が築いたものだと言われている。

伊波グスクの構えは、東北が自然の断崖となって、その下は岩の割れ目が深い谷間をつくり、その谷間が城壁に沿って長くつづいている。ここが城の背後で最も要害をたのんでいたところである。

東西の城壁の東側は自然の岩盤の上に石垣が積まれ、その高さおよそ四メートルで石垣の上部は地形に従って不室形のものであるが、二〇平方メートル位もある。当時は見張所があったと思われる高台となって、内部は平地になっている。城内で最も高い位置を占める眺望の利く要所であり、ここから石川の街が眼下に見下ろされ、金武の山々につづいて恩納岳、久志岳等の連峰の壮大な姿が見え、東に太平洋がひろがり、海岸には木麻黄《もくまおう》林が延々と続き、それらの緑の間から白い砂浜や、波打つ白波が見えかくれして美しく、眺めのよい名勝の場所である。

南側の城壁は平地上に石垣を積み上げて造られ、見張所から次第に低くなって来て東南の門に達している。この門は、城内の発祠をとり行うときに「ノロ」以下の女神官たちが出入りしたり、あるいは通用門をかねたものではなかったかとも思われるところで、この門を入った右側の城壁内におよそ三平方メートルの広さの石囲いがあって西南に向かって入口がつけられている。ここは平素は門番の詰所に、祭のときは女神官たちが斉服《さいふく》に着替えたり、祭品の準備等のために使われたのだろうと思われる小さい石囲いがある。

城の南から西につらなる城壁は伊波の部落に面している。部落から次第に上ってきた正面に城門があいている。これが正門の跡である。正門の両側の石垣も、その他の城壁の石垣もすべて野面積みの石垣であるが、正門へ上る階段は切石を使用していることは、後になって造られたものである。

城の北側に裏門がある。この門は南は一段と高い城壁で上部が台地となっており、ここは北方の見張所のあったところと思われる。

伊波グスクは、その構造においては単廓式で規模もそれ程でもない城であるが、城壁の出入や石積みの技法は当時の築城法を知るに貴重な資料である。この城を中心に幾多の伝説も残っており、城内から土器破片や青磁破片等も出土する。周辺には伊波貝塚もあって古い時代に相当栄えていたことが考えられ、歴史上、考古学上に価値のある古城跡である。

安慶名グスク　具志川市（現うるま市）字安慶名《あげな》の亀甲原《かめこうばる》に所在するグスクで、安慶名集落の北方、標高四八メートル余の琉球石灰岩の独立丘上にあり、城の東北を流れる天願川をこの辺りでは大川と称するところから、別名大川グスクともよんでいる。一四世紀頃、安慶名大川按司によって築かれたと伝えられ、自然の断崖と急斜面を巧みに利用して築いた輪郭式の山城である。外郭は山の中腹から石積みされ、城門は安慶名集落寄りの南東側にある。外郭は北側では内郭に接続し、一方では未完成のままでとぎれている。内郭への入口は南向きで、城壁は山頂全体を取り込んでめぐらされている。内・外郭とも切り石で積まれ、その高さは低所で二メートル、高所は一〇メートルもある。城内からはグスク系土器や青磁、褐釉陶器、須恵器などが採集されている。一九七二年、国指定史跡となった。

『具志川市誌』には、安慶名グスクは次のようにある。

安慶名グスクは、森全体を自然の断崖と傾斜をたくみに利用して築きあげた典型的な山城形式の古城跡で岩と岩との間にも見事な技巧をもって石垣が積まれている。そしてその城跡は二重になってい て、外郭の石垣は前面の中腹から左右につつみまわし、後方にゆくにしたがって、次第にふもとの方に下っているが、北方の一部には石積みのあとがみられない。未完成のままであったか或いは何か作意があったかとも考えられる。

内郭の城壁は頂上全体をかこんで築かれており、この内郭を包むようにして外郭が築かれている。城全体の平面的な構成はやや輪郭式の形式になり、このような形式になっているのはこの城だけである。この城は内外の城郭とも二〇センチから三〇センチ程度の手ごろな石でつまれ、石垣の高さは内郭で二メートル、外郭は一〇メートル以上のところもあり、城の構えは二重城郭をもった堅固なもので、内郭にも外郭にも、それぞれ一つの城門がある。外郭の門は部落側に面した中腹にあって、ふもとから坂道をあがったところにあるが、現在はその構造形式を知る資料は残っていない。この門を入ると、ゆるやかな坂になり、右側には自然の洞穴を利用してつくられた按司墓がある。この墓は落城後に造営されたものである。按司墓の前からカーブになった急坂を上ったところに、内郭の城門がある。この門は自然の岩壁をうがってつくられた頑丈なものである。

城門の上に伊波グスクと今帰仁グスクへの遥拝所があり、本丸の前には城の守護神「グスク獄」神名「クニヅカサノ御イベ」がある。安慶名按司は伊波按司の系統で、伊波按司の五男になっている。

安慶名グスクの東北を流れている天願川は、この付近では大川と呼ばれ、この大川の側に城が築かれ、そしてその水を頼っていたので、城も大川グスクというようになり、屋良の大川グスクと区別するために安慶名大川グスクともいわれている。従って城主も大川城主、安慶名大川城主といわれるようになった。

この城は輪郭式の形式をもった要害堅固な城として栄え、二男を屋良グスクに、三男を具志川グスクに、四男を喜屋武グスクに配したと伝えられている。このように、一族を各地に配するほど相当な勢力を持った安慶名大川按司は天願川下流に港を開き海外貿易も盛んにやっていたことは、城内から出る青磁破片などによってうかがうことができる。

具志川グスク　うるま市の具志川集落の東方、金武湾海岸に突き出るように横たわるグスクである。崖に沿うようにして自然の石を積み上げた野面積みの石垣がある。正門付近以外は三方が海に面しており、太平洋を一望できる位置にある。正確な居城年数は不明だが、出土された遺物から一三世紀～

一五世紀中の短い間のみ使用されていた城とみられる。安慶名按司の子が城主に任ぜられたとの伝承もある。『琉球国由来記』に神名、「アフノ御イベ」を祀る「城嶽」が記され具志川巫の祭祀する「グスク嶽之殿」もある。

一九六五年、高宮廣衛によって発掘調査が行われ、礫敷きの建物跡を検出し、グスク系土器とともに青磁、須恵器、古銭などが出土している。その後、新田重清《にったじゅうせい》によって布目痕をもつ土器片やフェンサ下層式土器などが採集されている。

具志川按司は初代安慶名大川按司の孫で、二代安慶名大川按司の三男である。初代安慶名大川按司の三男、後天願按司は具志川東方海岸に突出した崖の上に城を築いて具志川グスクと称し、ここを居城とした。城下には広大な金武湾をひかえ、交易に便利な港により、貿易上枢要な役目を果した城で、財力に富んでいた。後に天願若按司は病死して継承者がなかったので、二代安慶名大川按司の三男具志川按司が相続した。

喜屋武グスク　この城の築城は一四世紀頃に遡るもので、第一世安慶名大川按司の四男喜屋武按司の築城であると言い伝えられている。

沖縄本島の中部地方、うるま市字喜屋武部落の上方につらなる丘陵上にあって、この辺はうるま市では一番の高い台地となっており、標高が一〇三メートルもあって、面積はおよそ一万坪ほどと推定される広い地域に築かれている古城跡で、ここからは中城湾を眼下に見下ろし、左の方には勝連半島から津堅《つけん》島、右の方には知念半島に高くそびえているかの如き印象的な「スクナ森」が見え、太平洋上に浮かぶ神話の島といわれている久高島も見える。眺望は雄大なものがあって絶景の位置を占めている。

この城跡は、仲北山系の安慶名大川按司の三男か四男かに生まれた男をここに派遣し、喜屋武按司と名乗らせた。この喜屋武按司が、ここに来て初めて築いた城跡であると云われている。

グスクの中腹に喜屋武按司の墓があり、降ると火ヌ神がある。またその近くに殿ヌ神がある。さらにその近くにはシードーガーという井戸がある。

発掘調査により、掘立柱と石敷きや野面積みの跡、出土物に土器や須恵器、中国製の青磁や白磁、貝錘、銭貨が出土している。

跡内には一か所の拝所が残っており、「マアブノ嶽」といわれている。この嶽は神名を「イシヅカサノ御イベ」と名づけられ、上江洲ノロが拝祀するところと記録されている。同所では城の守護神のために毎年祭祀などが執り行われていたといわれる。城跡の南側には、大きな岩石が割られたような長い岩穴が見える場所がある。これは非常の時の逃げ穴であったといわれ、出口は泡瀬《あわせ》の方にあった。明治時代末期頃までは、石垣など城としての面影が残っていたが、大正時代に泡瀬の海中道路を整備した際に、城壁の石垣は崩されて道路整備などに使われ、現在では城郭さえ見ることができない。

江洲グスク跡　江洲グスクは通称「えすのつちぐすく」ともいわれており、「土城」と解《かい》せられ、土塁をもって築かれた城である。江洲グスクは、うるま市字宮里にあるグスクで、一四～一五世紀頃の築城と考えられている。うるま市具志川の江洲部落の北側に、西北から東南の方に細長く横たわるようになっている丘陵上に築かれており、山城形式にして連郭式と思われる古城跡で、城跡全体の総坪数は、三千坪以上もあったのではなかろうかと思われ、西北の高いところが本丸跡で、東南に次第に低くなっているところに二の丸跡や三の丸跡などがあったと思われる。

江洲按司として初代江洲按司は、怕尼芝によって北山城（今帰仁グスク）を奪われたときの伊波按司の子孫である。その後、尚巴志と仲北山系の按司によって攀安知討伐後、尚巴志の六男の布里《ふり》が城主になっている。短命の布里に代わって尚泰久の五男の尚武が江洲按司となったと云われる。標高約一〇〇メートルの琉球石灰岩丘陵に築かれたグスクで、出土物には中国製青磁、須恵器、土器片があり、西側には土塁の痕跡もみられる。

『野史』によると、第一尚氏以前にも安谷屋グスク系統の江洲按司が居城していた。第一尚氏系の計四代の居城であったが、また二代目江洲按司のときに、第二尚氏のクーデターにより最後の王尚徳王の退位とともに、この江洲の城も廃城になったといわれている。江洲按司は後の尚泰久王とこの江洲の村の美女との間にできた一男である。『中山世鑑』によって尚泰久は尚巴志の七男となっているが、実際は、尚巴志四男の尚金福《しょうきんぷく》王の養子で、一四五三年に「志魯・布里の乱」（尚金福王の子と尚金福の弟の王位争い）が勃発し、両者がともに滅んだので、泰久が王位に就いた。

天願グスク　『具志川市誌』によると、一四世紀頃に築城されたと考えられるグスクで、うるま市天願にあったグスクである。標高三五メートルの石灰岩丘上に位置することから別名ツチグスク（土城）とも呼ばれている。安慶名グスクを拠点に当時沖縄本島中部一帯で一大勢力を誇った安慶名大川按司一世の子息によって具志川グスクや喜屋武グスクなどと共に築城・改築されたとされ、安慶名大川按司一世の三男で貿易拠点であった具志川グスクも共に統治していた。後に天願按司一世が城主を務めた。

怕尼芝に亡ぼされた仲昔《なかむかし》（仲北山）今帰仁按司の弟に天願按司という按司がいる。また天願太郎治はこの天願按司の四男であり、天願太郎治の子孫がここ天願の村に在住している。天願按司は兄今帰仁按司が滅亡後、遠くこの地に逃げ、城を築き天願按司と呼ばれた。

この城は伊波按司が具志川地域へ進出の際、亡ぼされ廃城になったと思われ、同時に具志川グスクに配していた二男も城を去った。その後、伊波按司の五男安慶名大川按司時代にその二男を後天願按司と称してこの城に配し、具志川城主を兼務させた。現在、按司墓や古墓などが点在しているが、石垣や城壁などの遺構は見られない。

屋良グスク跡　屋良グスク跡は、俗に「ヤラグスク」といわれているが、また「大川グスク」ともいわれており、沖縄本島の中部地方、嘉手納町の字屋良部落の北側につらなる丘陵上に築かれた古城跡で、東北側には断崖が続き、その下方には比謝川が流れている。

この城跡は、東城《あがりぐすく》と西城《いりぐすく》にわかれていたといわれ、基礎らしい石垣が今も残っており、東城といわれているところが本丸跡と思われ、西城といわれているところは二の丸跡と思われる。この西城の北の端には物見台らしいところがあった。

屋良グスク跡は、仲北山系統の安慶名大川按司の二男が、ここに派遣されて琉球石灰岩丘陵に凡そ千五百坪の屋良グスクを築き、一四世紀半ば頃まで大川按司の居城だったと云われている。石垣は比謝橋の架橋のために使用されたといい、現在城壁はない。青磁破片等が出土するので相当栄えていたことがわかる。

勝連城主の茂知附《もちづき》按司を亡ぼして勝連城主になった阿麻和利按司は、屋良按司の子孫であったとの伝えもある。

越来グスク　沖縄市字越来に所在する遺跡で、コザ十字路より北西約二〇〇メートル、標高八〇メートル内外の琉球石灰岩の丘陵上にあったグスクで、戦災や公共施設工事などで地形は変貌し、城郭も不明確となりグスクの面影はほとんど留めていない。三山分立といわれる時代に越来按司と名乗る按司が、ここに来て築城したものであると伝えられ、代々の越来按司が居城したと云われる。後に琉球国王となった尚泰久が、越来時代の居城だったグスクでもある。

この城跡は、戦前までは城壁の石垣が野面積みとなって山林の中に残っていたので、連郭式をしのばせる山城形式の古城跡と云われる。

多和田真淳氏によれば、越来グスク跡は、戦後のどさくさで、いつの間にか消え失せてしまった。戦前は木造建造物以外は完全に残っていた。戦後ブルドーザーで城郭が取り払われ、その下の平均三メートルから五メートルの所は亀甲形になっており、須恵器、宋代の白磁、青磁等が多量に出土する他、城跡系の種類の赤土器が伴出した。ここはもともと沖縄の中央部における海外貿易の拠点であったことを物語り、「ごえく世の主」の居城であったことを証明するものである。ここの北端の包含層は、真黒の腐蝕土で一メートル以上もあった。そのころの御殿の柱穴が残っていたが、丸柱で、その直径十五センチ位のものであった。七百年前の越来グスクは、高台にできた集落で、まだ城郭はなかったものと見てよいという。

また、一九八五年と八六年に、住宅建設に伴う緊急調査が市教育委員会（担当・宮城利旭ほか）によって行われた。大小約四〇の柱穴を検出し、掘立柱建物跡と推定できるものが二棟あった。グスクは破壊が著しいが、遺物包含層はわずかに残存している。出土遺物は青磁、白磁、染付、赤絵、黒釉陶器、須恵器、グスク系土器、ガラス小玉、土製品、金属製品、石器、銭貨（北宋銭が主）などがある。中国産陶磁器は良質なものが多く、年代的には一四～一五世紀後半のものが主体である。また、鉄滓や鍛造剥片、羽口や砥石、金床石等の鉄を加工した痕跡がみられる。

中城グスク　中城村泊の川尻一体に所在する城で、泊集落の北方、標高一五〇メートル余の琉球石灰岩上に築かれている。六つの郭からなり、一の郭（本丸）・二の郭は先中城《さちなかぐすく》按司時代の布《ぬの》積《づ》み、三の郭や裏門のある郭、そして北の郭は護佐丸による亀甲乱積《きっこうみだれづ》みである。本城の表門は櫓門、裏門は拱門となり、六つの郭は拱門または石段で連結されている。城郭内にはイベや火の神を祀った祠が八カ所ある。

二〇一五年一一月二一日の新聞記事には、世界遺産「琉球王国のグスク及び関連遺産群」のひとつ、中城グスク（沖縄県中城村）で定説を覆す発見があった。修復のため城壁の一部を解体したところ、内側から古い時代の城壁が姿を現した。これまで見てきた城壁は、もともとあった城壁を覆うように積まれていた。

発見されたのは、一の郭北西側の石積みで、三つの時期の改変が確認できる。もっとも古いのが、今回見つかった一四世紀半ばに積まれたとみられる白っぽい黄色の石積みである。その後、一五世紀前半に大幅なグスクの拡張に伴い、最上段の石積みと基壇の石積みが増築された。高さ約七メートルの白っぽい黄色の石積みの上に約八メートルの最上段の石積みを増築し、合計高さ約一五メートルの石積みを支えるため石積みで補強している。そして一九世紀末になり、はらみだした白っぽい黄色の石積みの崩落防止のために下部を取り巻く石積みが積まれたとみられるという。

中央の白っぽい石積みが一四世紀半ばに築かれた石積みで、一五世紀前半に最上段の石積みと基壇の石積みが増築され、一九世紀末に白っぽい黄色の石積みを補強するため石積みが積まれたと考えられる。

白っぽい黄色の石積みの築造時期は、一三世紀末〜一四世紀前半の遺物が出土する包含層を掘り込んで琉球石灰岩の岩盤を露出させて根石を据えていることから一四世紀半ばと推定される。従来中城グスクは、中世の地方豪族の首長が一四世紀後半に主要部分を築き、一四四〇年に城主となった護佐丸が北の郭や三の郭を増築して完成したとされてきた。今回の発見で築城時期が早まり、中城グスクの歴史が塗り替えられたことになる。それだけでなく、一四〜一五世紀の按司の財力や技術力、グスクの在り方を考える上でも貴重な発見といえる。中城村教育委員会では今後、ほかのグスクとの比較などから築城年代をさらに精査する予定だという。

中央の石積みの色が白っぽいのは、琉球石灰岩には外気に触れると黒くなる性質があるからである。人間の肌が日焼けをするのと同じように変色し、外側を覆ってしまうと元に戻るという。石材の表面に見られるボコボコとした穴は風化ではなく、琉球石灰岩がかつて珊瑚だったときの名残で、地表近くから採石した石の特徴である。一〜二メートル以上の深いところから採石したものは穴がない。中城グスクの石材に穴が空いたものが多いのは、急造の可能性を示している。

中城グスクの城壁の石垣はすべて珊瑚石灰岩をもって積み上げられ、低いところで二メートル、高いところは一二メートルにも及び、石垣上部の厚さは一メートル五〇センチから三メートル位になっていて、外郭城壁の上には、さらに六〇センチの中に九〇センチの高さの基壇が設けられて防御や攻撃のための援護壁が続いている。

この城の石垣の積みかたに二つの手法が用いられている。本丸跡と二の丸跡や、西側の城壁はすべて布積みの古い手法で積まれ、三の丸跡と、その下方の裏門とそれにつながる片戸の周りの城壁は亀甲乱れ積みの手のこんだ堅固な積み方がなされている。このように城壁の積み方が、その手法において違っていることは、あきらかに築城年代に距たりのあることがうかがわれ、従って築城者も同一人ではなかったということがわかる。城郭の内外からグスク系土器や輸入陶磁器などが採集されている。

それで本丸跡、二の丸跡等の大部分の布積みの手法を用いて築かれた城壁は、英祖王父祖が築いたと伝えられている伊祖グスクの一部（城門付近から本丸跡の下方まで）に同じ手法の石垣が残っており、英祖王の子の中城王子（後に先中城按司と呼ばれた）の築城になるものである。この城の築城年代は、護佐丸以前に築かれていたと考えられ、その年代は一三世紀の中頃から末頃までである。中城グスクは護佐丸が城壁の全部を築いたのではなくその一部を拡張したにすぎないと考えられる。

中世の沖縄では、中山王の尚巴志が三山（北山・中山・南山）の分立抗争を制して統一し、琉球国王となった。護佐丸は尚巴志の後北山攻めで功績を挙げ、誕生した琉球王国で要職に就いた人物である。中城グスクは単なる護佐丸の居城ではなく、王命によって築かれた、琉球王朝にとって重要なグスクだった。一四五八年に護佐丸が阿麻和利の乱で没した後も中城グスクは存続し、当時の行政区である中城間切《なかぐすくまぎり》とともに中城王子の所領となっている。

中城グスクで城壁の内側から発見された古い城壁は、一四世紀後半とされていた築城時期が一四世紀半ばまでさかのぼる可能性が出てきており、当時英祖王の子が中城王子として封じられていた。その王子が先中城按司であった。その後同族で北山から逃れた仲北山按司の居城として拡張され、また尚巴志王統を支える寨官《さいかん》（貴族）としての護佐丸の居城が考えられている。

仲北山系の山原のグスク

次に先述の伊波按司と同族の山原の五つのグスクについては、通説では、一一、二世紀頃から各地の御嶽《うたき》を腰当《くさてぃ》とした集落の発達と、それらベースにした支配者のグスクが地域をまとめていく（支配していく）流れが被《かぶ》さってくる。そして山原の各地の小規模のグスクが五つの中規模のグスクへとまとまっていくという。しかし、グスクや御嶽など山原各地から出土する遺物は、交易を中心としての集落やグスク、またマキなどが考えられる。従来の日本史で言われた「村から町へ」（近年見直されているが）のように、小さなグスクがまとまっていったとは言い難い。

山原の五つのグスクから中国製の陶磁器が出土する。今帰仁グスクの後北山の山北王は『明実録』に登場し、直接中国と貿易したことが知れる。ところが他のグスクについての交易記録は皆無である。グスクはいずれも港を抱えているので、直接貿易していた可能性がある。しかし今帰仁グスクのような大量の出土ではない。すると、山原の各グスクへの陶磁器類の入り込みは、今帰仁グスク経由が主だと考えられるという説がある。通説では、三山時代は、山北王が山原の各グスクを支配していたというが、今帰仁グスクの怕尼芝と他の仲北山系のグスクの按司と別々に交易しており、「正史」の誤った山北王（怕尼芝王統）の山北地域全体の支配、統治はなかったのである。山原の五つのグスクで今帰仁グスクが中心となっていたのは、後北山の怕尼芝に滅ぼされる前の同族の仲北山系を中心とした交易ネットワークによってであって、中国産青磁など各グスクから出土している。

さらに、怕尼芝によって今帰仁グスクが奪われる前は、五つのグスクを統括したのが同族の今帰仁グスクの今帰仁城主（今帰仁世の主）である。山原の五つのグスクに住む按司達は、それぞれのグスクに居住しつつも今帰仁グスクに君臨する今帰仁世の主のもとでネットワークを構成していたと思われる。今帰仁グスクを拠点に君臨した今帰仁世の主が北山というクニをつくりあげた、そのような姿が想定できる。

山原の五つのグスク

今帰仁グスク　本部半島の北側の丘の上にある北部随一の壮大な城跡で、一三世紀末〜一五世紀初期にかけて栄えた。沖縄各地に農耕と鉄器が普及し、地方首長層が台頭《たいとう》して、それぞれの地域の丘陵を拠点に砦を築いて勢力を張った時代から、琉球王国の形成期にかけての城である。統一琉球王国ができる前は後北山の怕尼芝は山北王を名乗り、中山王、山南王と並んで中国の明王朝に朝貢をしており、中国側の文献『明実録』にも一四世紀後半〜一五世紀初期にかけて怕尼芝、珉、攀安知らの後北山の王（城主）の名がみえる。

城は東を志慶真川の急峻な崖とその縁に築いた石垣で区切り、南北と西側に二重の石灰岩の城壁をめぐらした構造である。石灰岩は中南部の珊瑚石灰岩と異なり、近隣に豊富な硬い古生代石灰岩を利用しているが、目地《めじ》を合わせる細かい加工が困難なので、荒割りをした岩を重ねただけの構造になっている。城壁の天端《てんば》はいわゆる武者走り（胸壁）をめぐらす。城全体の地形は段状構成である。城門のある北側は比較的平坦で二重の外郭があり、広い範囲を囲い込んでいる。

北に開く平郎門《へいろう》は現代に推定復原されたもので、実際の構造は不明である。しかし、中南部のグスクと異なりアーチ門ではなかったものと考えられるが、これは他の部分の石積みにみられるように硬い古生代石灰岩は細かい加工になじまないことによる。

主な郭は頂上の平坦地で、南半分には館のあった基壇とその前庭部が造成されており、北半分は御内原《うーちばら》とよばれ、統治者の生活空間であった。

頂上からみると南下方にあたる低い位置に広い郭があり、志慶真門とよばれる裏門がある。この郭はテラスが造成され、その上からいくつかの方形の住居跡が検出された。炉の跡もあり、この郭内において居住活動があったことを示している。

グスクは一方では聖域として現代に至るまで尊崇されているが、この城内にもいくつかの拝所があり、ノロ（祝女）や神人《かみんちゅ》とよばれる司祭を中心に毎年決まった日に祭礼が行われてきている。

発掘調査ではかなり豊富な遺物が出土したが、なかでも膨大な中国陶磁器が目立つ。青磁、白磁をはじめ元様式の青花《せいか》（染付）の逸品もあり、ほかに明染付がある。また、天目茶碗などの黒釉《こくゆう》陶器、いわゆる「南蛮焼き」と通称される褐釉陶器もあり、少量だが緑釉、三彩、翡翠《ひすい》釉、瑠璃《るり》釉や高麗青磁、それにタイやベトナム陶磁もみられ、きわめて多彩である。

ほかに一五世紀初頭までの中国銭貨《せんか》、刀・刀子《とうす》・鏃などの武器、切羽《せっぱ》などの武具の銅製付属品、それに鎌・釣針・ハサミ・釘などの鉄製品もある。また、これらの鉄器の普及を示すように砥石も多数出土している。

一方グスク時代は農耕がかなり普及した時代でもあるが、この城からも炭化した米や麦のほか、ウシ・ウマの骨が出土している。

名護グスク　名護湾に臨む市街地東方の丘陵にあり、現在は名護の桜の名所として名高く、地元では名護グスクはナングスクとよばれる。名護グスク跡は、背後には名護岳をひかえ、前方にひろがる名護湾を見下ろし、はるか南の方には恩納岳や、海上につき出ている万座毛や、喜瀬集落の前方に名護湾入口となっている「ブシナ崎」も指呼《しこ》の間に望み、嘉津宇岳と八重岳の連峰が右側にそびえ立っているのが見え、眺望雄大にして、景勝の地になっている。

一四世紀初期に仲北山の「今帰仁世の主」の二男がこの地を治めに派遣されて名護按司と名乗り、その居城としてこの名護按司によって築かれたと伝えられている。城壁の石垣などは残っておらず、土塁による城だったと推定される。三方を急崖に囲まれ、根元部に堀切りの空壕を施している。奄美にみられるグスクの堀切り構造の例は、沖縄では大宜味村の根謝銘グスクなどごくわずかしか確認されていない。表面から土器のほか、凹石《くぼみいし》、須恵器、中国青磁などが得られている。この一帯における中心的なグスクであったとみられる。

ここに城を築いた名護按司は、北部地方で一番勢力の強かった仲北山の系統として周辺の地域を統治していたが、その後仲北山の今帰仁世の主が怕尼芝によって滅ぼされた、怕尼芝王統も三代目攀安知の時代になって、攀安知王は、名護按司の二男を人質として今帰仁グスクに連れて行ったと伝えられている。

親グスクと親川（羽地）グスク　親グスクは、沖縄本島の北部地方、元は羽地村であったが、現在では名護市に併合されている字川上部落にあって、部落から東側の方、およそ一キロほども上った海抜百メートル位の丘陵上の突端をかこんで築かれている山城形式の古城である。

この城跡付近は、近年（戦後）になって林道工事などのために三方が切り取られているので、今では本丸跡のわずか二百坪位しか残っておらず、二の丸跡などは削り取られたため見ることはできない。しかし、本丸跡からは青磁破片や土器破片などが表面から採取されている。

この城跡は、石垣の積まれた跡は見当たらず、土塁をもって築かれたと思われる城壁の跡が残っていた。

この親グスク跡は、いつの時代に、誰が築いたかについては記録なども残っていないので判然としないが、伝えによれば、英祖王が、その二男（湧川按司）を今帰仁城主に任じた際、この今帰仁城主の二男か、あるいは三男かを羽地按司に任じて城を築かせたと云われる。いわば中山の英祖王の孫が親グスクを築き、そして羽地按司となって居城したことが推定され、仲北山の時代の築城であったことがわかる。

この城跡は、初代の羽地按司が築いたといわれ、二代目のとき怕尼芝が奪って城主になった。怕尼芝は城を奪った後、しばらくしてから、羽地平野の中にある森の上に、親川グスクを築いて移ったので、それ以来、この城は空城になったと云われる。

親川グスクは、同じ名護市の字親川部落の北側にあり羽地グスクともいっている。高い森に築かれており、これも土塁城である。

この親川グスク跡は、本丸跡、二の丸跡にわかれている連郭式にして山城形式の古城跡で、その面積は凡そ二千坪ほどと推定され、この二の丸跡には瓦葺きの拝殿（祠）が建てられており、内部の中央には火の神が祀られていた。

本丸跡は、二の丸跡から五、六メートルも上ったところにあって、ともに土塁をもって城郭が積まれており、いずれも中は畑となって作物が植えられていたが、その畑から土器破片や青磁破片などが表面に露出していた。

怕尼芝が仲北山系統の羽地按司の居城の親グスクを奪い、あとをついで彼もまた羽地按司と名乗った。しばらくは川上部落の上にある親グスクを居城としていたが、勘手納港に近く羽地平野を目前にひかえたところにある、親川部落の北方の地の利を得た森の頂上に城を築いて移り、そして、そこを親川（羽地）グスクと名づけた。

親川（羽地）グスクの怕尼芝は、その後強大な武力で今帰仁グスクを攻め、仲北山の今帰仁世の主と、その配下を追い出した。また今帰仁世の主の入婿《いりむこ》の形をとって後釜に座り、後北山初代の国王となっている。怕尼芝は今帰仁の親泊湊をもって中国大陸などとの貿易を盛んにし、その勢力はますます強大になっていった。

根謝銘グスク　喜如嘉集落から北側の高里（田嘉里）集落へぬける丘にある円錐状の形をしたグスクで、後背の山手から延びた尾根に築かれており、山手側とを堀切りによって区切る構造になっている。堀切り構造は奄美地域では名瀬市以北のグスクによくみられるが、沖縄では名護グスクなどまだわずかしか確認されていない。グスクの造営が、技術的には九州方面の影響も受けながら行われたことを示唆するものである。

一九六四年に宮城長信によって試掘調査が行われた。ところどころに崩れた石垣が残っている。一三～一四世紀の中国青磁のほか、グスク土器、須恵器、褐釉陶器、鉄釘、刀子などが出土している。ウシやイノシシの骨もみられる。

屋嘉比川（田嘉里川）の下流に架けられた屋嘉比橋があり、屋嘉比港《やふぁいんなと》の出入口に当たる。その橋に立ちサバ岬につながる南の丘陵地を望むと海抜八〇メートルほどの位置に蒲葵が二、三本生えているのが見える。それらは根謝銘グスク遺跡の頂上にあった。国頭山脈から分岐して形成されるサバ岬の尾根に大きな断層部があり、字謝名城から字田嘉里へ通ずる道路の境界に当たる地点から謝名城側の斜面を五〇メートルほど登った中腹に小字グシク（城）がある。地域の住民は背面頂上にある根謝銘グスクを上城《ういぐしく》と呼んでいる。およそ三千坪の城跡である。西方眼下には喜如嘉川が形成した水田が帯のように湾曲し、遠くに古宇利島・本部半島・伊江島が見渡される。東方眼下から北方へ流れる田嘉里川の両側に水田地帯が開け、河口の砂丘に字浜があり、その向こうに赤丸岬（帆の岬）、水平線上に伊是名・伊平屋を一望に収める景勝の地である。城壁を造る必要もないほど自然の断崖傾斜に恵まれ天然要害の地形をなし、支配者の居所としては最適の場所であった。自然石を積み上げた野面積みの形跡を僅《わず》かに残すのみでそこから採集される遺物のみが往時を偲ぶ唯一の手がかりとなる。

根謝銘グスクはかつて英祖王の子孫、大宜味按司の居城と言い伝えられ、仲（中）北山滅亡の時、根謝銘グスクに落ち延びてきた。内福地に暫くかくれ、それから東村川田に行き根謝銘屋《にじゃんやー》を創始した。その後大宜味按司の妃が伯母に当たる。根謝銘屋の子孫は田港の松本、その他多数あり、大宜味問切が新設されてから、城のあるところを城村《ぐしく》といった。

東風を利用して、根謝銘グスクから伊平屋・伊是名を通って真西に向かえば、大陸の寧波に容易につくことができる。

久志グスク　久志とは「クシ」ということで、方言では後（ウシロ）のことを「クシ」といい、これは背面のことである。この地は、文化の開けた西海岸の後背にあるので「クシ」とよばれた。

久志グスク跡は、俗に「上里城《ういざとぐしく》」ともいわれており、沖縄本島の北部地方で、元は久志村であったが、今では名護市に編入され、その東海岸に面している字久志部落の東側前方にある丘陵地帯にあって、平山城《ひらやまじろ》形式と思われる古城跡で、城跡内外には雑木がうっそうと生い茂っているので足をふみ入れることも出来ない状態であり、従って連郭式であるのかわからない。城壁の石垣だけは少しばかり見ることができる。

この城跡は、組踊「久志の若按司」の居城であったと伝えられており、この久志の若按司の墓がある。久志グスクの城主に関して、東江長太郎著『北山由来記』には、「久志若按司の父は、安慶名大川按司であり、伝説にいう久志若按司の子孫は、久志村の徳森宅の祖父及び金武問切古知屋村の松田大主、当今の門の元祖及び汀間村汀間大主、当今の根屋の元祖、名護間切数久田村数久田主按司親雲上、今の喜納玉城元祖、金武間切伊芸村伊芸大主、久志間切嘉陽主、今の根屋の新垣の元祖、金武村の金武上門按司親雲上、今の祝女の外間元祖なり、但し、以上は世に現われたる子孫にして、久志若按司の子孫と称するもの各地に多く住す」という。

『おもろさうし』にあらわれる中グスク

『おもろさうし』に、

あおりやへがふし（二ノ一二）

一、中ぐすく、ねくに
ねくに、あつる、はやぶさ
とく、大みやかけて
ひきよせれ
又　とよむくにの、ね
くにの、ねに、あつるはやぶさ一、中城根国
根国にある隼
徳大島
掛けて引き寄せれ
又　鳴響む国の根
国の根にある隼
（折り返し）

［大意］中グスクの隼（船のこと）はいつも徳之島・大島に通っている。むしろ、それらの島々を、かけて引きよせて、地続きにしたいものだ。現実に支配したのではなく、支配の意欲を表現したに過ぎないと思われる。

従来ここにあらわれる中ぐすくを沖縄中部の中城グスクとしてきたが、当時代は、中城とは旧羽地村（現名護市）にある中グスクを指していた。後にその山原羽地の中グスクは、仲尾次グスクに変更されたのである。近くの勘手納港は羽地間切の仲尾村から仲尾次村にかけての海岸であり、この近くにあった仲尾次グスク（中グスク）が、右の「おもろさうし」に詠まれている。近くの高い山からみれば、沖永良部・徳之島・与論・さらに奄美大島さえ見えた。そしてこの山原の中グスクに引き寄せ、陸続きにしたい思いが謡われた。根国とは、近くに羽地ターブックヮといわれた豊かな田園があり、先北《さち》山から中北山時代の農業や漁業、そして隼（船名）にみられる交易での繁栄を謡ったものと思われる。

史料に登場する仲北山系の琉球使者

東シナ海を取り囲んで、中国沿岸、朝鮮半島南部の多島海、日本列島の九州と琉球諸島、そして台湾島が連なる。美しい弧を描く多くの島々に縁取られた東シナ海の外に、太平洋が広がる。そして台湾海峡の南に広がる海が、南シナ海である。この海は西にインドシナ半島と接し、東はフィリピン群島とボルネオ島が連なる。この海を西南に針路を取れば、マレー半島とスマトラ島、ジャワ島のあいだの二つの海峡を越えて、インド洋に出ることができる。

中国の漢の時代から倭族といわれた人びとが東シナ海、南シナ海などの海上に浮かんだ。その後タカラガイなどの交易が行われていたことが考古学の進展で明らかになっている。そしていわゆる大交易時代といわれる古琉球時代、東シナ海、南シナ海を取り囲む地域に、多くの人たちが使者として琉球から派遣されていることが、『歴代宝案』、『明実録』、『李朝《りちょう》実録』、『陰涼軒日録《いんりょうけんにちろく》』などで明らかになっている。

仲北山系の使者

『歴代宝案』、『明実録』に登場する使者は、仲北山系按司の領地（国頭から北谷、中城辺りまで）の使者が圧倒的に多いことがわかる。

仲北山勢力は、海外交易に先んじていたことがいえる。このことは仲北山系の旧家、例えば、根謝銘屋については、旧藩庁糸図座出仕首里長浜氏の記録に、「同家には絹地の衣類、古刀および黄金かぶの簪等の遺物が存在していた」という。仲北山系の子孫といわれている今帰仁の旧家などに、戦前まで、中国の衣類や陶磁器が残っていたということから、それ以前から中国貿易をしていたことがわかる。また、その時代、今帰仁グスクから中国陶磁器、徳之島産カムィヤキ須恵器、土器などが出土し、沖縄島北方の徳之島などの島々との交易もうかがわれる。

琉球から派遣された使者のほとんどは奄美大島から山北地域、そして北谷までの西海岸沿いの使者が派遣されている。

史料の記録にあらわれる使者は、同じ人物と思われる者が異なった漢字で記録されている場合や下略されていると思われるものもある。また、同名の使者を区別するための措置とも考えられる。ここでは、違う人物として考える。仲北山と関係の近い北方奄美地域から仲北山系の護佐丸の領地でもあった読谷山、そして仲北山系伊波按司一族に関係する北谷などの西海岸地域から中城辺りまでを考える。古琉球時代の使者を次のようにまとめた。童名《わらびなー》の使者については、泰期〈タイチ、タチー〉は、使者名（間切名）、その他は使者名（地域名・間切名）である。使者名については、東恩納寛惇や阪巻駿三《さかまきしゅんぞう》などの先学の研究を参考に、不明の使者を補いカタカナのルビで表記した。

『明実録』にみられる使者

泰期《タチー》（読谷山）　師惹《チナー》（喜納・読谷山）　亜蘭匏《イラファ》（久良波・読谷山）　耶師姑《ヤシク》（山城・美里）　函寧壽《カニシ》（兼次・今帰仁）　嵬谷致《グイク(ウッ)チ》（越来・越来）　南都妹《ナツミ》（名富・奄美大島）　麻州《マシュー》（奄美大島）　隗谷結致《グイクウッチ》（越来・越来）　善佳古耶《ジンカグヤ》（源河・羽地）　呉宜堪彌結致《ウイクンミウッチ》（大宜味・大宜味）　蔡奇阿勃耶《サチウフヤ》（崎・読谷山）　押撤都結致《シンザトウッチ》（新里・今帰仁）　蔑達姑耶《ミイエダアーグウヤー》（眞栄田・読谷山）　乃佳吾斯古《ナカグシク》（中城（後の仲尾次）・羽地）　坤宜堪彌《クニカミ》（国頭・国頭）　模都莆《ムトブ》（本部・本部）　（郭《クワ》）伯姑頼耶《ハンジャヤ》（波平・古波蔵・読谷山または真和志）　甚麻之里《シマジリ》（島尻・伊平屋島）　吾是佳結制《グシカーウッチ》（具志川・本部または具志川）　鄔是佳結制《ウシカーウッチ》（石川・美里）　甚謾志里《シマジリ》（島尻・伊平屋島）　鄔梅佳尼九《ウフガニク》（大兼久・大宜味）　鄔梅柱尼《ウフガニ》（大兼久・大宜味）　農巴魯《ヌンバル》尼《ニ》（野原根・本部または美里）　模都古《マックー》（真徳・徳之島）　安丹尼結制《アダニウッチ》（安谷屋・中城）　阿勃馬結制《ウバマウッチ》

（小濱・本部） 浮那姑是《フナクシ》（冨名腰・北谷） 南者結制《ナンジャウッチ》（並里・本部） 宋比結制《スビウッチ》（楚辺・読谷山） 魏《ギィ》古渥制《ク・ウッチ》（越来・越来） 謂慈悖也《イジウフヤ》（伊地・国頭） 安丹結制《アダウッチ》（安谷仁・中城） 漫泰來結制《マムタイウッチ》（今帰仁） 歩馬結制《ウバマウッチ》（小濱・本部） 由南結制《ユナウッチ》（与那・国頭） 阿普尼是《ウフニシ》（読谷山（大西）・読谷山） 物志麻結制《ウトマウッチ》（内間・今帰仁） 義魯結制《ジルウッチ》（伊礼・伊平屋） 楊布勃也《ヤブ（ウ）フヤ》（屋部・名護） 南米結制《ナンジャウッチ》（並里・本部） 伍是堅《グシチン》（具志堅・本部） 阿普禮是《ウフニシ》（読谷山・読谷山） 達福期《タフキ》（読谷山） 吉且坦《キタタン》（北谷・北谷） 亞羅佳期《アラカキ》（新垣・中城） 闍班那《ジャハナ》（謝花・今帰仁） 亞間美《アマミ》（奄美・奄美大島） 衛農是《ウィヌシー》（上原・大宜味） 崇嘉山《ツカザン》（津嘉山・本部） 讀詩《トクチ》（渡久地・本部または読谷山） 査農是《ジャナノシー》（謝名・今帰仁）

『歴代宝案』の使者

浮那姑是《フナクシ》（船越・北谷） 歩馬結制《ウバマウッチ》（小濱・本部） 阿勃馬結制《ウバマウッチ》（小濱・本部） 謂慈渤也《イジ（シ）フヤ》（伊地・国頭） 安丹結制《アダウッチ》（安谷屋・中城） 安丹尼結制《アダニウッチ》（安谷屋・中城） 宗比結制《ソビウッチ》（楚辺・読谷山） 闍那結制《ジャナウッチ》（謝名・今帰仁） 漫泰来結制《マムタイウッチ》（今帰仁） 南者結制《ナンジャウッチ》（並里・本部） 楊布勃也《ヤブウフヤ》（屋部・名護） 由南結制《ユナウッチ》（与那・国頭） 達旦尼《（キ）タタニ》（北谷・北谷） 阿普尼是《ウフニシ》（大西・読谷山） 物志麻結制《ウチマウッチ》（内間・今帰仁） 均周佳結制《キジョカウッチ》（喜如嘉・大宜味） 野麻志《ヤマチ》（山内・今帰仁） 均周佳《キジョカ》（喜如嘉・大宜味） 南米結制《ナンジャウッチ》（並里・本部） 領沙毎《ニシミー》（西銘・伊平屋） 義魯結制《ジルウッチ》（伊礼・伊平屋） 伍是堅《グシチン》（具志堅・本部） 阿普尼是《ウフニシ》（大西・読谷山） 讀詩《トグチ》（渡久地・本部または読谷山） 魏古《ギク》（越来・越来） 闍班那《ジャハナ》（謝花・今帰仁） 阿普礼是《ウフニシ》（大西・読谷

山）　欲沙毎《ニジャミー》（根謝銘・大宜味）　楊布也《ヤブフヤ》（屋部・名護）　謂巴魯《ウィバル》（上原・大宜味）　伍実佳勃也《グシカーウフヤ》（具志川・具志川）　達不期《タフキ(チ)》（読谷山）　伍是佳《グシカー》（具志川・具志川）　吉日坦《キタタン》（北谷・北谷）　楊布《ヤブ》（屋部・名護）　莄達古尼《ミィエダァグウヤー》（真栄田・読谷山）　崇嘉山《ツカザン》（津嘉山・本部）　呉実堅《グシチン》（具志堅・本部）　衛巴路《ウィバル》（上原・大宜味）　蒲嘉麻《ホカマ》（外間・今帰仁）　安謨盧《アムル》（安室・北谷）　勿志麻《ウチマ》（内間・今帰仁）　宋紀《ソビ》（楚辺・読谷山）　巴寧仕《ハニシ》（羽地・羽地）　呉嘉美《グガミー》（呉我・羽地）　査農是《ジャナノシー》（謝名・今帰仁）　那交《ナコウ》（名幸・名護）　安遠路《アムル》（安室・北谷）　沈満志礼《シマジリ》（島尻・伊平屋）　沈満礼《シマリ》（島尻・伊平屋）　巴那仕古《ハナシク》（花城・今帰仁）　物志麻《ウチマ》（内間・今帰仁）　埜麻志《ヤマチ》（山内・今帰仁）　宜普結制《ギブウッチ》（儀保・今帰仁または豊見城・首里）　沈満布《シマブク》（島袋・中城）　魏武《ギブ》（儀保・今帰仁または豊見城・首里）　夏礼久《カニク》（兼久・北谷）

がいる。『李朝実録』にも仲北山系の使者がみられるが、数が少ないので割愛した。

以上のことから山原や奄美地域の使者派遣からいえることは、使者の出身地域の多少の違いを考慮しても、仲北山系など、多くの使者が山原地域の使者といえる。また浦添の英祖王と山北の英祖王二男の湧川按司は父子であり、尚巴志の三山統一以前は、沖縄島中部から北部地域は英祖王統系の交易者が数多くいたと考えられる。なお、ここでの使者名の由来や使者の人数とその比率などは、拙書『古琉球史論』で扱っている。

第七章　正史の呪縛

「正史」の問題点

「正史」には羽地朝秀（向象賢）の『中山世鑑』や蔡温の『中山世譜』などがあるが、これらの書物による呪縛として、日本史における吉田一彦氏の『『日本書紀』の呪縛』を中心に、歴史上における書物の呪縛について考える。

歴史には原因があって結果があり、これを究明しなくては未来を築いていく上でなんの役にも立たないのだが、原因を究明していくと当然、個人の責任も明らかとなる。ところが、これらは究極的には時の権力者や政治家などの責任にぶち当たるので日本のアカデミズムはそれができなかった。そうしてこれらについて「物事を曖昧にする」という日本人の気質となったため、日本の歴史学には学問の厳しさがなくなり、諸外国との文化交流が失われてしまったと歴史研究家の松重楊江《まつしげようこう》氏は指摘する。

歴史学は現在と未来に過去の教訓を教えるべきものであって、これを曖昧にし続けることは許されない。松重氏は、北畠親房《きたばたけちかふさ》の『神皇正統記《じんのうしょうとうき》』は、「桓武《かんむ》天皇のときに、天皇が扶余《プヨ》・百済《ペクチェ》などの子孫だという史料を焚書《ふんしょ》した」と記している。すなわち、八世紀末、桓武天皇自らが「記紀」を改竄《かいざん》し、「国家神道」を民族精神のバックボーンに据えたため、それ以来、日本の歴史学者は、「記紀」が偽造文書であるという重要な問題を無視し続けてきたと指摘する。

琉球においてはどうだろうか。政治家蔡温は、中国から沖縄に移り住んだ中国人の子孫で、儒教を学び、儒教を沖縄にも広めようとした。儒学をもとにした政策によって蔡温は中山王統の正当性を主張するため、従来から沖縄にあった各王朝の史料を焚書したことが考えられる。

琉球の民は日本本土よりも海洋民族の資質を残している。海に開かれ、また結びついた思考をもち、重要な問題を無視し続ける態度ではなく、開かれた目で判断できる力量を持っていると思われる。これは歴史学者にもいえることである。

『日本書紀』の呪縛と琉球の「正史」

歴史とは何だろうか。歴史とは、客観的・公平に過去の事実を叙述したものだというイメージを持つ方が少なからずおられるかもしれない。しかし、歴史は必ずしもそのようには書かれてこなかった。『日本書紀』は勝者が自己の正当性を唱えて定めた書物であって、公平とか客観的という地平からはほど遠い。むしろ、この書物を作成することによって自らの支配を確立、強化しようという意図を持っていた。また、歴史の書き方という側面から見ても、話の記述が説話的なものになっており、自らの正当性を〈歴史物語〉〈史話〉とでも呼ぶべき文学的な歴史によって示すという性格が見られる。そこには、歴史的事実とはみなすことができない創作が多々見られると指摘する。

近代歴史学はそれらを学問的に解析し、一つ一つの記述について、事実を伝えるのか否かを判別しようとする研究を進めてきた。そして、神話や初期の天皇が創作であることを明らかにするとともに、時代の新しい六、七世紀に関する記述にも歴史的事実とはみなせないものが多くあることを解明してきた。また、全体のストーリー構成の意図をどう読解するかについても考察を深めてきた。『日本書紀』は長期にわたって大きな力を持ち、私たちはこの書物を長く〈規範〉として仰ぎ見てきたが、それは同時にこの書物に呪縛されることでもあった。私たちはこの書物に縛られ、これから自由に発想することがむずかしかった。しかし、二十一世紀を迎えた今日、私たちはそろそろ『日本書紀』を突き放してみて、この書物が規定する枠組みから自由になってもよいではないか。

この書物に書かれていることをそのまま真実だとする考え方を克服し、『日本書紀』を相対化して、自由に歴史や文化を考える視座を得たいと考える。琉球史においても、「正史」の疑問も多々みられる。『中山世鑑』の尚真王の扱い、玉城王・武寧王・尚徳王が残忍な王として、また七十回戦ってすべて北山が勝利したなどと強調し、最終的には中山に敗れるという設定のもとに、第二尚氏の正当性の主張がみられる。

『日本書紀』の未来の支配

歴史とは現在の時点から過去を再構築して示すものであり、同時にその再構築した過去に立脚して未来を展望するものである。その際、過去の再構築が事実に基づいて行なわれる場合もあるが、そうではなく、事実よりも理念や政治や経済的得失などが重んじられて過去が変形、あるいは創作される場合がある。

近代の歴史学では、歴史を叙述するに際し、事実に立脚した過去を復元することが要請される。けれど、近代でも必ずしもそうとは言えない歴史が語られることがある。日本では明治国家が独自の歴史観に立っており、明治・大正・昭和期の歴史学では国家の歴史観に身を寄せるように、事実よりも理念や政治に軸足を置いた歴史が語られることがあった。歴史は〈国体〉と連関させて語られたから、事実が小さく評価され、事実よりも大事とされることがしばしば特筆された。政治家たちは、たとえば、南北朝正潤《せいじゅん》問題（中世の南朝と北朝のどちらが正統であるかをめぐる論争）や井伊直弼《なおすけ》の評価（強権的な政治で反対派を弾圧した「悪人」か、日本を開国に導いた「偉人」か、という評価）などをめぐって盛んに発言し、歴史教科書の記述に大きな影響力をおよぼした。琉球史においても、政治家向象賢や蔡温などにより、中山王統史のため、事実よりも理念や政治に軸足を置いた歴史が語られ、事実が小さく評価され、事実よりも大事として記述されている。近年の研究で徐々に歴史的事実が明らかにされてきている。

帝国大学の〈国史〉の教授たちは近代国家のために歴史を書き、語ることが職務だった。彼らは時には政治権力と妥協しながら、時には自らの国家思想・文化思想によりながら、日本の〈歴史〉をクリエイティブに造形していった。その心性は戦後も、あるいは今も形を変えつつ部分的に継承されている。

学問としての原史を客観的、公平に語るという立場は基本的には存在せず、事実よりもむしろ理念、政治などに基づいて歴史が語られるのが一般的だった。それは、誰のために、あるいは誰の命令（依頼）で歴史を書くのかという問題と深く連関している。そもそも、かつて歴史とは国家の命令で編纂するか、さもなければ特定の対象者のために書かれるものであった。

未来はどうだろうか。未来は過去と対になるようにして存在し、過去と連動するようにして語られる。未来は、一般的には、過去に規定されて語られることになるが、しかし、その逆に、あるべき未来の姿が構想され、それに対応させるようにして過去が再構築されるということもまたある。未来が過去を規定するのである。

天皇制度を導入した七世紀末の日本国の政治権力は、この政治制度の実施にあたり、あるべき唯一の未来の姿を構想し、呪縛をかけるようにその実現を宣言した。吉田氏は、それを〈未来の支配〉にあたるととらえている。それは『日本書紀』の中で構想されており、この書物によって広く一般に宣言がなされていった。

権力と権威のみなもと

『日本書紀』は奈良平安時代以降、今日にいたるまで大きな力を持ったが、その力はどこから来たのだろうか。『日本書紀』は国家編纂の歴史書であり、天皇の命令によって定められた書物であった。

この書物が持つ力のみなもとはまずはこの点に求められる。中国では、歴代王朝の歴史が書かれた。それらはのちの時代の人が後世から過去を振り返って書くものであり、唐代以降は、前の滅亡した王朝の歴史を後代の王朝が書くというのがならわしとなっていた。これに対し、『日本書紀』の場合はそうではなく、現在の王朝が自らの歴史を書くものになっている。そのため、そこには自らの正当性を書くという姿勢が臆することなく表明されており、歴史の勝者、つまり「勝ち組」による歴史があらわに叙述されている。しかも、この王朝はその後も長く継続していったから、権力の継承者である天皇や貴族たちにとって、この書物は自分たちの政治的権力や経済的権益の根源が直接・間接に書き記されたものになっている。琉球史においてもまさに「勝ち組」(第二尚氏の中山)による正当性の主張のための王統史が展開されている。

王統史として過去の唯一性

未来のあるべき姿を宣言し、未来を規定するということは、それに対応するようなあるべき過去の姿を設定するということになる。あるべき未来を構想、構築するには、それを必然化するような過去の経緯が必要になるからである。かくして〈あるべき未来〉を詔《みことのり》することに対応して、〈あったはずの過去〉が要請され、それにそうように過去の創作がなされていった。

歴史は、そもそも、それぞれの立場によってとらえ方、描き方が異なるものである。Aという人にとっての過去と、Bという人にとっての過去は、共通する事実認識や評価も包含されるが、他方、事実認識自体もしくはその評価について、大きな、あるいはゆずることのできない違いが存在する場合が少なくない。そうした差異の存在は、むしろ歴史認識にとって一般的なことと言ってよいが、あるべき一つの未来を宣言するのであるなら、それに対応するような過去は一つでなければならず、複数の過去が存在するという事態は極力避けられねばならない。こうして複数の過去は統一、一元化され、唯一の過去が作成されていった。このことは古琉球史においても、蔡温によって第一尚氏王統の山北王尚忠（尚巴志二男）、山北王具志頭王子（尚巴志三男）を、第二尚氏の北山監守と同様の北山監守として扱い、『中山世譜』に記録した。つまり過去が統一、一元化され、中山王統史として、唯一の過去とされた。このことによって見事に尚巴志王統の山北王としての山北王尚忠、山北王具志頭王子が消されているのである。「正史」による中山王統史は、中山が沖縄における唯一の過去の出来事としての歴史が作成されている。

過去の支配

唯一の過去を制定すること。『日本書紀』編纂の目的はここにあった。編纂者たちに与えられた職務は天皇の歴史を書くことであったが、それはあるべき未来を宣言し、それに整合する唯一の過去を物語るという形で結実していった。この営みは〈歴史の制定〉であり、〈過去の支配〉と評価すべきものであったと考える。『日本書紀』が成立するまで、おそらくさまざまな集団がそれぞれの過去を語っていたものと推定される。だが、それらのほとんどはここで否定、消去されてしまった。琉球では、舜天王以前の歴史は天孫氏の歴史が考えられるが、天孫氏の歴史は「元は今帰仁」という山北・山原の勢力とおおいに関係があった。中山王統史のため、他の二山の過去などが抹消されたり、当然のように中山の強調のために北山や山南が存在する記述となっている。

歴史の編纂にあたっては、さまざまな資料の提出が各方面に求められた。日本史学者の坂本太郎は、収集資料の中に、諸氏に伝えられた先祖の物語の記録(墓記)、地方諸国に伝えられた物語、政府の記録、個人の手記や覚書、寺院の縁起、百済に関する記録があったことを指摘している。

こうして集められた多くの資料に対して、編纂者たちによって取捨選択の作業がなされ、〈編集〉作業がなされ、つまり「記定」(異説を検討して史実を確定して記録すること)がなされていった。それまで、それぞれの集団で語られてきたそれぞれの過去は、この作業の中でかなりの部分が消去、改変、編集されてしまい、あわせて新たな創作と整合化が編纂者たちによって書き加えられていった。複数の過去が存在することは許されず、不要な過去は消し去られ、唯一絶対の歴史のみが文章化されて、公式の歴史として制定されていった。

同様の事態が琉球では、向象賢による『中山世鑑』が一六五〇年出版されたが、中山王統史のため第二尚氏始祖金丸の出身地(今帰仁の諸志出身説あり)を伊是名島に記述したため、その整合性をとるため首里王府は一六八八年に伊是名玉陵《たまうどぅん》を造営している。書物に合わせるように事物がなされている。近年の考古学の進展により、古琉球史における「正史」の誤った、あるいは政治的意図をもって改竄、構成された箇所も明らかになってきている。

書物の歴史の起点

『日本書紀』は権威ある書物であり、その存在感は巨人である。『日本書紀』以前にも、日本に何らかの書物が存在した可能性は高いが、今日、私たちはそれを見ることができない。奈良平安時代の史料に、その残像がほとんどうかがえないことからすると、それらは『日本書紀』の完成とともに早くに消えていったと理解すべきなのである。琉球では、初めての正史として『中山世鑑』、そして『中山世譜』が続いていく。二〇二〇年に『中山世鑑』、『蔡鐸本中山世譜』、『蔡温本中山世譜』が国重要文化財の美術品として登録された。琉球においてそれ以前の書物はどうなったのであろうか。蔡温が山原巡行にさいして、山原の旧家で、前王統の記録として残る記録物の発覚を恐れて焼却処分したことなどが現在でも言い伝えられている。蔡温は、山原をはじめ沖縄島各地にあったと思われる前王朝に関する書き物を当然のように焚書したと考えられる。

「歴史上のある事件、事柄が本当にその通りのことであったのか、その真実性というものは必ずしも公の史料からは明らかでない場合が少なからずある。古い文献、史料が最上のものなりとする「史料信奉者、史料至上主義者」たちが、それとは知らずに陥ってしまっている誤った史実の解釈がそのまま『史実』として伝えられていることほど恐ろしいことはない。「史料が存在しない」という事実に「真実」の鍵が隠されていることがあることを我々は常に心にとどめておく必要がある。国家の大事件であればあるほど「史料の欠如」が目立つ場合があるのは結局、歴史上の立役者が人間であるという「人間性」に大いに関わりがあるということでもあろう」と、山口栄鉄は指摘している。

歴史は政治

歴史を書くという行為が、現に生きて活動している同時代人たちの政治的、経済的な利害や家の格式・名誉と密接不可分に関わっているからであった。近世的な民衆支配の制度を確立した蔡温は、中国的な方法で施政をおこなったと云われる。彼の施政に反対する者は処罰していく。その犠牲者には平敷屋《へしきや》朝敏《ちょうびん》がいる。一七三四年安謝《あじゃ》（那覇市）の珊瑚の白き砂浜で同志一五名とともに磔《はりつけ》八つ裂きの極刑に処せられ夭逝《ようせい》した。東屋敷《あがりやしき》平仁《へいじん》氏によると、当時の独裁的な久米三十六姓傀儡《かいらい》政権の筆頭三司官蔡温に反抗する勢力は一網打尽に捕縛されつくし、かん口令により巷《ちまた》の世相には朝敏らに関する話題は絶対的なタブーとなって闇へ葬られ歴史から消え去られてしまったという。そして後世は、この事件の真相はおろか朝敏を偲ぶ文学作品を除いて事件の核心を知るべき資料のすべてを奪われて、現代では歴史の真実を検証することが出来ないままであることを指摘する。また、日本の刑罰史上ではありえないほどの事件の関係者一五名すべての断罪惨殺の処刑はまるで中国の刑法をそのままに実行したと推測するに足《た》る惨状に現代の社会通念や人権配慮など、日本的感性で過去を振り返っても琉球が中国の法によって甚大な恐怖の圧政を強いられていた事実をうかがい知ることが可能だとする。

これは権力の中枢を牛耳っていた蔡温の強大な権力による圧政を象徴する証であり、重大な歴史的な王国の一大ハプニングを当時の役人達が記録として遺《のこ》せなかったのは、記録はすべて三司官蔡温以下、久米三十六性一派の琉球統治実権者たちの都合のよい事実へと塗り替えられ、彼らに不都合な事実や琉球の真実史はこの時代に過去にさかのぼりすべて抹消し、または改竄し尽くされているという。

『中山世鑑』の本文は、尚真王に関する記事を欠いている。尚宣威《しょうせんい》の廃位を仕組んだのは尚真王の母の宇喜也嘉《おぎやか》が仕組んだものとしている。実は向象賢の家系をたどれば、向象賢は尚宣威の子孫となる。これは尚宣威は王統とは別系統の人物をさすため、向象賢は暗に、第二尚氏の正統であるこの親子の記述を避けたり、宇喜也嘉を陰謀者として記述している。

『日本書紀』は、今からはるかに遠い過去の七二〇（養老四）年に完成した書物である。そうした昔の本は、現代の私たちとはほとんど関係しないのが普通である。だが、この書物は少し違う。『日本書紀』は、二十一世紀を迎えた今も、私たちの中に一定の位置を占めて生き続けている。遠い過去の書物でありながら、過去の遺物にはなっておらず、今もなお意味を持つ書物、それが『日本書紀』である。

『日本書紀』は歴史書であるが、その記述は客観的、中立的なものではなく、はなはだ政治的なものであり、歴史的事実とは異なる創作記事が多々記されている。だが、この書物は、天皇が定めた国家の歴史書として大きな影響力を持った、そのため、『日本書紀』完成以後は、同書を継承しようとする書物が記される一方、同書の記述に反駁《はんばく》しよう、あるいは無化することによって対抗しようと試みるような書物が現われ、いくつもの書物が『日本書紀』を取り巻くようにして作成されていった。

承平《じょうへい》の博士（『日本書紀』に詳しい学識者）である矢田部公望《やたべのきんもち》の矢田部氏は物部《もののべ》氏の一族である。したがって、彼が、先師の説と異なって、『古事記』ではなく『先代旧事本紀《せんだいくじほんぎ》』を重視するのは、彼の出身氏族からすると当然のことであった。日本紀講書の場でも、氏族の歴史観が論議の行方に大きな影響を与えていた。それは書物と書物との戦いであり、それが現実の政治的権力や経済的権益と連関している場合があった。そうした書物と書物の抗争や政治的対決の世界で、『日本書紀』は常に書物群の中央に君臨していた。琉球においては、書物と書物の戦いはほとんどみられないが、「正史」の記述にそった歴史確認の研究ではなく、史料批判を含めた研究の中に、本来の歴史的事実を明らかにしていかなければならない。

「正史」の史料批判

蔡鐸《さいたく》（蔡温の父）は『歴代宝案』の編集を終えてから、向象賢の著した『中山世鑑』を、漢訳し、改定したものといわれる『中山世譜』を編集した。それには蔡鐸自身の史観が色濃くにじんでおり、琉中関係の『中山世譜』と琉薩関係の『中山世譜』が、それぞれ独立して編集されている。

琉薩関係の『中山世譜』は、歴史書というよりは、むしろ、薩州等への使者派遣についての事例集であり、歴史としての琉薩関係の重要な史料が正確に並べられているわけではない。むしろ逆に、それらは簡略化され抽象化され、具体的記述を避けているかにさえ見える。故実集である。年号の扱いなど蔡鐸の主張が貫かれている。

蔡鐸は『歴代宝案』の編集を終えてから『中山世譜』に着手しているので、中山・南山・北山の三山の考えは、察度王代から尚巴志王代にかけて朝貢でのことと認識していた。ここでの「国土は三つに分かれて」は、玉城王の勢力、そして沖縄島西海岸沿に出来た察度を中心として勢力、そしてそれら以外の勢力と思われる。

琉球の三山鼎立について、「正史」の蔡温本『中山世譜』は、蔡鐸本『中山世譜』＝琉中関係の『中山世譜』と琉薩関係の『中山世譜』が、それぞれ独立して編集している。三山鼎立の記述について、

第四王子の玉城王が即位した。世はおとろえ、道はかすかとなり、ほとんど数十年というもの、国内は戦争が続いた。かくして先王のこした風俗はかわりはて、国土は三分されて、中山・山南・山北と鼎立する情勢となった。在位二十三年にして薨じた。

とある。

この三山鼎立について、高良倉吉氏の『琉球王国』（岩波新書）に、「一四世紀に入ると、強大な按司たちによって沖縄本島に三つの勢力範囲が出現する。今帰仁按司は本島の北部地域を擁して山北を形成し、今帰仁グスクを拠点にした。浦添按司は中部地方に君臨し、中山を樹立した（その拠点が浦添グスク）。南部地域を擁した大里按司は島尻大里グスク（時期によっては島添大里グスク）により山南の覇者となった。この三人の按司はそれぞれ王を名乗る存在であり、三勢力の鼎立するこの時代を三山時代と呼び」、「王を称したといっても、三山の内実は、各地でグスク＝城砦を構えて勢力を張る複数の按司たちを服属させたゆるやかな支配形態にすぎず、王そのものも按司連合体の名手と云ったほどの地位でしかなかったのである」とある。「一つの国が三つに分かれたのではなく、やっとこの頃、三つの勢力にまとまってきた、ということである」という。

さて、当時代、地域支配した按司による三山が鼎立できたのか。日本史のように武士の台頭による地域統一のにおいがこの沖縄島でしないのである。日本本土が海洋民族としての属性が弥生時代より農耕民族に変わっていった。ただ、ここで言う日本とは、すべての地域ではなく、政権の中心地となった地域である。このような農耕民への流れは、土地やその生産性が元となり、土地獲得競争の末、武士による天下統一がなされていった。さて琉球ではどうであろうか。それは、交易に関する港や船乗り、交易物資などの獲得競争や制海権を巡る争いであった。『中山世鑑』の三山の区分で、後北山の怕尼芝王統が攀安知まで沖縄島北部地域を治めていたといのは地勢的な面も含めて当然ありえないことである。中山の王統史を完成するためには、土地、人民を支配する者が必要であり、広い海を地域とした流動的な人物(「交易する港を支配する者」、「海上を支配する者」)による交易上の貨物、港、船乗り、航路といったものを王国というくくりにはできないのである。そのために「正史」は地域支配としての三山を創作している。

孫薇《スンウェ》氏の『中国からみた古琉球の世界』によると、「鐘《あつ》まるとは鐘山《ちゅうざん》といい、「中山」・「山南」・「山北」の中国側表記で「鐘山《ちゅうざん》」を中心とする地域、それより南の地域と北の地域の三つに分けている。よって三通の山が同時に並列しているという意味の「三山時代」という言い方は成り立たない「一山三王」という意味での「三王時代」である。さらにもう一つの王統・汪英紫《おうえいじ》、さらに温沙道《うふさと》と、五人の王が現れている」という。当時は、『明実録』にあらわれる王といわれるものや、またあらわれない塞官とも呼ばれる按司が盛んに交易をしていたのである。

北山監守について

北山監守については、伊波普猷などがその誤謬を指摘している。ここでは、北山監守についてみることにする。

尚巴志二男の尚忠が今帰仁王子になったことについては、『中山世鑑』巻三の条に、記されている。

ところが、蔡温本『中山世譜』には、尚忠が北山監守として出てくる。蔡温の時代の北部地域は、尚真王による中央集権がなされ、三男の尚昭威を北山監守に任じ北山地方の統治を強化された。その後も首里王府の臣下が派遣されていた。しかし、金丸クーデターにより第二尚氏になって二六〇年後の蔡温本『中山世譜』には、

蔡温本『中山世譜』巻四の尚巴志の条に、

本年。遣二第二子尚忠一。夫山北城。離二首里一遠。（城在二今帰仁一）地係二嶮岨一。亦驍健。恐下其山北復恃二嶮岨一而生上レ變也。故命三尚忠。監守以拒二變亂。因稱レ之。曰二今帰仁王子一。

という記事で同書、巻五の尚忠王の附記にも同じことが簡単に記されている。

北山監守は蔡温本『中山世譜』ではじめて記されている。このことによって、通説は、初代監守が尚巴志王の次男、尚忠が一四二二年に監守に就いたことになっている。しかし、後北山の時代の終焉《しゅうえん》を一四六一年とすると、六年の空白がある。蔡温の曖昧な記録になっている。仲北山系の護佐丸が初代監守であり、戦後処理にあたったのである。尚巴志は治安の安定とともに尚忠を一四二二年に山北王として派遣したものと思われる。尚忠が中山王に即位するのにともない、具志頭城主であった尚巴志の三男が後任の山北王として派遣された。

攀安知討伐後、今帰仁北山城に残り戦後処理にあたった護佐丸は、攀安知軍の投降兵や沖永良部島や徳之島など攀安知側の残党を半ば強引に徴用し、座喜味グスクの築城に労役させた。攀安知討伐に協力した仲北山系、国頭城主など北部地域の按司と北部地域の安定化を図った。情勢が安定した後、尚巴志の次男尚忠が山北王として派遣された。尚忠王は、仲北山系の子孫を高官などに起用するなど北部地区の安定化と、国頭グスクや北部の按司たちと連携をはかり北部地域の交易などを充実させた。また山北王として、仲北山系の子孫と倭寇《わこう》討伐にあたっている。

「山北今帰仁監守来歴碑」が「今帰仁城の火の神」の祠の前に立っている。この石碑の建てられたのは一七四九年で、第二尚氏の監守、今帰仁王子朝忠（尚宣謨《しょうせんも》）によるものである。これは一七二四年から編集が始まる蔡温本『中山世鑑』の影響が見られる。尚忠の山北派遣を、そのまま監守として扱っている。

「昔は球陽の諸郡四分五裂し、終に三山鼎足の勢いと成り、万民塗炭の憂いに堪えず。佐敷按司尚巴志大いに義兵を起こし、三山を匡合して統一の治を致す。然れども三山の諸都、地険阻の係り、人また勇猛なり。中山を離れること遠く、復険阻を恃み、而して変乱を生じることを恐れる。乃ち次子尚忠を遣わしめ監守せしめ、永く定規と為す。…以下略」と書かれている。監守を置くということは、第二尚氏の問題であり、第一尚氏側にとって協力し合った仲北山系北部地域はなんら問題はなかったと思われる。監守を置く必要もなく、連合して北部地域の経営にあたるだけである。

蔡温による中山王統史としての確立のためには、つまり中山の家譜と銘打って、尚忠を北山監守に仕立てたものと思われる。なお、「北山監守」については拙書『古琉球史論』にさらに詳しく記述した。

北山の歴史を考えるに、正史なるものは存在しない。しかし、琉球の古い時代の北山の歴史は存在する。琉球の古い時代の歴史は、文字の無い時代などは口頭で歴史が伝えられ、文字として記されない場合も多い。また存在したとしても、戦災などで失われたものも多い。北部の各地を歩くと、古代のさまざまの時代の墓、拝所、史跡などがある。さらにそれぞれ古い時代を伝える野史、口碑、伝承、歌謡がある。『おもろさうし』も重要な史料となる。

正史とはあくまで「王朝が正当と認めた歴史書」という程度の意味であり、信頼性の高い史料であるとは言えるが、歴史事実を引き出すには歴史学の手法にのっとり厳密な史料批判を経て行う必要があることに変わりはない。対義語は野史（民間で編まれた史書）ということになる。

また、蔡温が書物を著すのは、山原や宮古・八重山島などまで細部まで統治を確立した後、万世にわたる政《まつりごと》の大綱《たいこう》とするためで、自分の理念を時の政権と後世の王へ引き継ぐためであった。これは中国の秦の商人・政治家の呂不韋《りょふい》の編纂した「呂氏春秋《りょししゅんじゅう》」のような手法であった。

政治家の向象賢は、覡《げき》（男の巫女）の安里大親《うふやー》を持ち出して「物くいしが我が御主《むぬくぃしどわーうしゅう》…」といわせる。そして自らは努力しない人々が王妃、世子等の惨殺に協力していく。向象賢は、暗に民衆の事大主義、奴隷根性の自分達さえよければいいという当時の人々（島津氏の支配下にある）へ、それが現状を招いていることを訴えているのではないか。第一尚氏時代のゆるやかな王権（統率力の弱い政権ととらえる歴史家もいる）のなかに、各地の按司も私交易を展開していた。第二尚氏の尚真王代になって中央集権化がはかられ、その結果首里王府だけが潤い、多くの庶民が海外へ雄飛する海洋民族としての精神を失った。この無力化した人々、つまり「ものをくれるのがわが主」として、クーデターをおこした金丸（後の尚円王）を正当化した。

『日本書紀』や『古事記』等によって日本本土に対するそれ以前の中国大陸沿岸や沖縄・琉球側からの勢力が、また『中山世鑑』や蔡温本『中山世譜』等によってそれ以前の山北・山原の勢力が、歴史上抹殺されているように思われる。

史料信奉者、史料至上主義者については、江戸時代の国学者本居宣長《もとおりのりなが》（医師、文献学・言語学）が考えられる。『古事記』の研究に取り組み、約三五年を費やして当時の『古事記』研究の集大成である注釈書『古事記伝』を著した。『古事記伝』の成果は、当時の人々に衝撃的に受け入れられ、一般には正史である『日本書紀』を講読する際の副読本としての位置づけであった『古事記』が、独自の価値を持った史書としての評価を獲得していく契機となった。

しかし、この『古事記伝』には、「神」という言葉の注釈を記すにあたって、まず「迦微《かみ》と申す名の義《こころ》は未だ思い得ず」と記す。また「天地は、阿米都知《あめつち》の漢字《からもじ》にして、天は阿米《あめ》なり、かくて阿米てふ名の義《こころ》は、未だ思い得ず」と記している。天を「アメ」ということのいわれについて、未だ思い得ずと書き始めている。この「未だ思い得ず」は、たびたび出てくる。そして名義の推測を、「旧《ふる》く説《とけ》ることども皆あたらず」という言葉で抑制しようとしている。このように宣長は『古事記』第一主義と独自の古道観とによって、ときに不可知論に陥り，また論理的矛盾をおかしている。宣長はまさに『古事記』に呪縛された人物なのかもしれない。

第八章　倭族

倭人の源流

琉球とは、中国史料に記述される留仇・琉蛟・流求・流球・琉球・瑠求・瑠球・留球などがあるが、歴史を遡れば、やはり琉球王国が成立する以前、琉球諸島も多くの倭族が大陸から来島、定着し、また移動していったものもいたと思われる。ここで、琉球の風俗・習俗が倭族・倭人と類似することが多いので、倭人の源流をたどる。

史書に記された中国最古の王朝は夏《か》であるといわれており、夏人はもともと東南アジア系の人びとで夷《い》とよばれていたという。

岡田英弘《ひでひろ》（東洋史学）によると、夏人は、東南アジア系の原住民の出身で、南方から舟に乗って河川を遡ってきて、秦嶺《しんれい》山脈にぶつかったところで舟を下りて、そこに商業都市を建設し、北方の狩猟民や遊牧民と交易をした。それが発展して、黄河《こうが》の南岸の洛陽盆地に首都を置き、支配下の諸都市と水路で連絡する国家にまで成長した。

歴史時代に実在した夏人の都市は、すべて秦嶺山脈の南麓《なんろく》の舟着き場にある。河南省杞《き》県には、紀元前四四五年まで、夏朝の後裔という杞国があった。同じく河南省禹《う》県は、紀元前一世紀になっても夏人の町として有名だった。どちらも黄河と長江《ちょうこう》の間を東西に流れる淮河《わいが》の支流の上流にあり、ここから舟で東南に下れば、淮河デルタと長江デルタの湖沼と分流のからみ合いを利用して、杭州《こうしゅう》湾まで内陸を航行することができる。禹県の西南方の河南省南陽市も、紀元前一世紀にまだ繁栄していた夏人の大商業センターだという。

南から来た夏人が河川を利用し、淮河をはじめ長江筋に多くの植民都市を造ったことがわかる。この夏人たちは祖先神として蛇身の水神、すなわち竜をまつった。ところが、北方では、夏・殷・周をはじめ、早くから国家的な結合が見られていたが、揚子江《ようすこう》から南の地域には容易に国家は生まれなかった。この地方に国家が形成されるようになったのは紀元前五世紀の頃で、呉と越がそれである。越人は夏の王の後裔だと言っており、杭州湾南方の会稽山には禹王の墓があり、越人の聖地になっている。越人は揚子江から南の主として海岸地方に居住し、体に入れ墨をし、米と魚を常食とする海洋民族だった。越人の習俗は倭人と最も近いものであり、倭人は越人の一派に属するかとも思われ、呉もまた東シナ海の島々や日本と深いかかわりあいを持っていた。

それらのことは、『魏志』の倭人伝や『隋書』の倭国伝、また『日本書紀』などによってうかがうことができる。倭人と越については『東アジア民族史』第一巻（平凡社東洋文庫）に現代語訳されたものが載せられており、その記述は、

その昔、夏（王朝の第六代の皇）帝少康《しょうこう》の子が会稽（浙江省紹興市地方）に封ぜられた時、断髪し入れ墨して較竜《こうりゅう》（みずち）の害をさけ身体を守った。いま倭の水人が水中にもぐって魚や蛤を捕えるのに入れ墨するのは、少康の子と同じように、大魚や水鳥の害を防ぎ、身体を守るため

である。しかし今ではそれが次第に飾りにもなっている。倭の諸国ではそれぞれに入れ墨の仕方も異なり、或いは左に、或いは右に、或いは大きくし、或いは小さくし、また尊卑の身分によって入れ墨に違いがある。帯方郡からの道里を計算してみると、倭はちょうど会稽〔郡〕東冶《トウヤ》〔県〕（東冶県とすれば福建省福州付近）の東方海上にあることになる。（中略）その産物や風俗・習俗の有無の状況は、儋耳《たんじ》（広東省海南島）や朱崖《しゅがい》（広東省海南島）と同じである。

西日本における白水郎《はくすいろう》（海人）の存在はすでに弥生時代から知られており、『魏志』倭人伝にも「倭の水人」としてその風が記されている。肥前国松浦郡の前身である末盧國の条に「好んで魚鰒を捕え、水深浅と無く、皆沈没して之を取る」とあり、さらに倭人の習俗を記した条に「倭の水人、好んで沈没して魚蛤を捕え、文身し亦以って大魚・水禽を厭《はら》う。後梢々以って飾りと為す」とある。『肥前国風土記《ひぜんのくにふどき》』は豊後国海部《あまべ》郡の人びとは海人集団で構成されていて、それが郡名の起りになったことを伝えており、また肥前国大家嶋《おほやしま》の海人や値嘉嶋《ちかのしま》（五島列島）、その南部にある美弥良久《みみらく》（福江島三井楽）付近の海人は居宅を構え、馬牛を養い、騎射を好むなど農業や狩猟にもたずさわっていることがわかる。

人類学者の金関丈夫《かなせきたけお》によると、海南島のことを朱崖儋耳と呼ぶが、儋耳というのは、耳が長くて肩に垂れ、肩に耳をのせていることを指すという。女の耳輪がひじょうに大きく、それが肩にのっているさまをそう呼んだというのである。

このことはすでに中国正史で倭人の文字が初めてあらわれる『漢書地理志《かんじょちりし》』にも注目され、儋耳の者は大耳をもち、王者の耳はみな肩下三寸にまで下がると記されている。これは金関のいうように耳輪の長さを示したものである。『肥前国風土記』には、長崎県の五島の大耳《おほみみ》や垂耳《たりみみ》のかっこうの者たちがおり、土蜘蛛《つちぐも》と呼ばれていたとある。沖縄列島の最南端にある与那国島の一五世紀末の風俗を伝えた朝鮮人漂流民の記事をみると「与那国島では耳梁に穴をあけ、小さな青珠を貫いたものを二、三寸ばかり垂れており、また珠を貫いたものを頭のてっぺんに三、四回めぐらして、一尺ばかり垂れたりしている」とある。これは海南島の女たちが労働するときは、両方から大きい、たくさんの耳輪を頭にのせるので帽子のようにみえると金関丈夫が説明している。

こうした種族が沖縄列島を北上して五島に住みつく一方、南九州をも根拠地とした。宮崎県に耳川という地名がある。その耳川の美々津《みみつ》は神武東征の出発点とされている。神武（天皇）の子供のうち、そのあとをついだのは末弟の神渟名川耳命《かむぬなかわみみ》であり、仲兄《ちゅうけい》は神八井耳命《かむやいみみ》、長兄は手研耳命《たぎしみみ》である。

前漢の武帝と倭族

四川《しせん》省北東部や、遼西《りょうせい》省南西部には倭人の原住地ではないが、倭人がそこに移り住んでいた。倭人の国の分布は、四川省で蜀・巴《は》・冉駹《ぜんぼう》・徙《し》・筰《さく》・嶲《すい》・邛都《きょうと》、雲南省では滇《てん》・昆明《こんめい》、貴州省で夜郎《やろう》・且《しょ》蘭《らん》の国があった。このうち滇国を「滇越《てんえつ》」、嶲を「越嶲《えつすい》」とも称し、「越」が「倭」を意味したことからも、それらは倭人の王国であったことがわかる。
それらの王国の運命を大きく狂わせたのは前漢の武帝であった。武帝は中央アジアの高度な文化を摂取したいために張騫《ちょうけん》を派遣したが、帰国した張騫は、北路は危険が多く、四川省・雲南省の地からミャンマー、インドを経る南路を進言した。そこで試みに駹・冄・徙《し》・邛の地から、それぞれ使者が遣わされた。ところが北方では氐《てい》（チベット族）と筰国、南方では巂国で道をふさがれ、昆明国では使者が殺されもし、目的地に行き着いた者がなかった。

それでも武帝は南路開拓の夢の実現を計るため、倭族の国々を漢の領土にすべく駹・筰・邛都・且蘭の王を殺して滅亡させ、漢帝国の版図《はんと》にした。滇国と夜郎国は大国であったが南路からはずれ、しかも降服して入朝することを申し出たので、漢の領有としながら独立を認めた。

しかし中央アジアの入り口となっていた昆明国は、再三の攻撃をうけて国を失いながら、強硬なゲリラ戦で反抗をつづけた。そのため武帝はついに南路を放棄し、いわゆるシルク・ロードの北路を選ばざるを得なくなったのである。

武帝による無謀な侵攻で多くの国が滅亡し、多数の倭族が僻地に逃避し、あるいは亡命した。この時ほど倭族が四方に離散した事件はなく、南ではミャンマー、タイ、ラオス、カンボジアの国民が倭族なのは、このとき大挙して国境を越えて逃れたことによる。

また王が殺され国が滅亡したのは四川省がもっとも多かったが、逃れるとなると四川省東北部から甘粛省《かんしゅく》・陝西省《せんせい》南部の山岳地帯へ向けてであった。また、鮮卑《せんぴ》に討たれて連れ去られた倭人とは、それらの地に逃避して住みついていた者たちであった。

なお彼らを「倭人」という呼称で表現していることは、数少ない事例として注目に価する。参考のため、その「倭人」の呼称がごく最近まで用いられていた事例を鳥越憲三郎は紹介している。

今から三、四十年前まで「首狩り」をつづけ、恐れられ蔑視されて「倭」と呼ばれていた部族が、雲南省とミャンマーの国境に沿う両地の山岳地帯に住んでいる。ミャンマー側では今でも「首狩り」をつづけているともいわれる。

その山岳地帯に第二次大戦の終わりごろ国民党が逃げこんでいたため、終戦後に中国政府は残余部隊の掃討と、「倭」と呼ばれる部族の宣撫《せんぶ》を目的に、まず工作隊を派遣した。そして一九五〇年五月に中国人民解放軍が進駐し、一九五四年六月に少数民族による自治権が初めに孟連《モンリェン》地区に成立した。鳥越は工作隊員であった人から聞いた話として、孟連の市場には村々の少数民族が産物を売りに来ていたが、「倭」と呼ばれる村の女には真っ裸の者もいて、どこの村の者だとわかったという。またある村の村長宅で娘が裸なので、「なぜ衣服を着ないのか」と尋ねたところ、布地が麻のためか「着ると体が痒《かゆ》くなるから」と言った。裸体であることの恥ずかしさがなくなっていたのである。文化的に低いとみられ、彼らは他部族から「倭」と呼ばれていた。しかしそれが蔑称のため、自治県の成立後、公称として漢字の佤《ワ》に改められたという。日本でも江戸時代、混浴風呂の慣習が残っていた。もちろんミャンマーの同族は現在でも「倭」のままである。ところがタイ国の北部にも同族がいて、早く「首狩り」を止め、仏教寺院も建てる小王国を形成していたことから、正式の名称として今でも「ラ・ワ」と呼ばれている。「ラ」は文化的なことの意である。その「倭」と称される彼らが、カンボジアでアンコール・ワットの寺院を建てたクメール帝国の人たちと同族であったとなると驚かされる。雲南から亡命して南下するとき、なぜか山岳地帯にとどまったのが、「倭」と呼ばれてきた人たちである。

「倭人」の呼称が、長江流域を原住地として各地に移動分布した民族に対し、漢族が卑称として名づけたものであることを認め、その立場から改めて究明しなければならないと鳥越は指摘している。

一九七二年、長江下流域の浙江省の東北部、余姚江《よようこう》に沿う河姆渡《かぼと》遺跡で、今から約七〇〇〇年前に遡る倭族の高床式住居と、稲作文化のあったことが判明した。さらに倭族たちは長江を渡り、山東《さんとう》半島に向けて北上していた。

もちろん長江以北では、粟の畑作と竪穴式住居を特質とする黄河系の大汶口《だいぶんこう》文化（中国黄河下流域に栄えた新石器時代の文化）、つづく竜山《りゅうざん》文化（黄河中流域から下流にかけて広がる新石器時代後期の文化）がすでに広がっていた。しかし北上した倭族たちは江蘇《こうそ》省で淮《わい》国、安徽《あんき》省で徐《じょ》国、さらに山東省では郯《たん》国・莒《きょ》国・奄《えん》国・莱《らい》国などを築いた。彼らは東夷と称されたが、その間の軌跡を簡略に紹介する。

江蘇省南部の長江の河口に近い海安《かいあん》県青墩《せいとん》の遺跡では、五〇〇〇年前の籾殻《もみがら》が出土した。また南京《なんきん》市の対岸の廟山《びょうさん》遺跡からも、同じく五〇〇〇年前の陶器の蓋《ふた》に稲籾の圧痕があった。

そして安徽省では、西南の含山《がんざん》県の仙踪《せんそう》遺跡で四〇〇〇年前の稲籾が出土し、また北の淮河に沿い徐国の都に近い五河《ごが》県濠城鎮《ごうじょうちん》の遺跡からは、炭化した土中から焼けた稲籾が見つかり、新石器時代晩期のものとされている。

さらに郯国の領域であった江蘇省北端の東海《とうかい》県焦荘《しょうそう》の遺跡では、下層に周代早期の集落と墓地があり、石器・骨器・銅器・木製紡錘車《ぼうすいしゃ》などとともに炭化米が発見された。

文献として『史記』周本紀には、紀元前一〇〇〇年ごろの第二代成王の条に、

成王、東して淮夷《わいい》を伐ち、奄《えん》を残《ざん》し、その君を薄姑《はくこ》（山東省博興県の東北）に遷す。

とある。淮国と奄国は周によって滅ぼされたのかもしれないが、周以前に淮・奄はもちろん、その他の倭族の国も成立していた。それら倭族の国々は、周に討たれ、斉《せい》に攻められ、最後には呉によって滅ぼされる。その呉も春秋時代の終末（前四七三）に南の越に攻略されて滅びる。このように山東省の中央部以南から江蘇省・安徽省にかけて、そこは倭人の領域として多くの国があった。

倭族の東アジア沿岸地域への移動

『魏志』倭人伝の中にある倭人は南方から来たものではないかと推定されるが、そのことはさらに古い記録にすでに見えている。戦国末から前漢の頃に書かれたといわれる中国古代の地理書である『山海経《せんがいきょう》』の「海内北経《かいないほくきょう》」に、「蓋《がい》国は鉅燕《きょえん》の南、倭の北に在り、倭は燕《えん》に属す」と見えている。蓋は濊《わい》とも書く。この頃には朝鮮半島の北部にあった。燕は中国北部に位置して立国しており、今の東北三省（清代に中国の北東にあった奉天・吉林・黒竜江の三省）もその中に含まれるかと思われる。濊が燕の南、倭の北にあるということになると、倭は朝鮮半島の南部にあったことになる。

周が建国したのは紀元前一〇五〇年頃である。倭人というのは中国人には南方に住んでいる種族として早くから印象されていた。

『後漢書』韓伝に、

> 韓には三種がある。一を馬韓《ばかん》といい、二を辰韓《しんかん》といい、三を弁辰《べんしん》という。馬韓は西〔部〕にあり、五十四国がある。馬韓の北は楽浪〔郡〕と、南は倭と接している。辰韓は東〔部〕にあって十二国ある。辰韓の北は濊貊《わいはく》と接している。弁辰は辰韓の南にあって、これまた十二国ある。弁辰の南もまた倭と接している。

とある。海をへだて倭と接しているとは言っていない。また「この国は鉄を産出する。濊・倭・馬韓がともにやって来て、この鉄を買う。およそどのような貿易も、すべて鉄を貨幣としている」、「弁辰の国々が倭に近いので、入れ墨をする者がたいへん多い」とも言っている。その習俗の影響をうけるためには、相手の習俗をたえず目にすることのできるところにいなければならない。

『魏志』弁辰伝には、

弁辰の国々から鉄を産出する。韓〔族〕・濊〔族〕・倭〔族〕が、みな鉄を取っている。どの市場の売買でもみな鉄を用いていて、それは中国で銭を用いているのと同じである。

とある。この文章だと鉄を買うのではなく、掘り取っている感を深くする。つまり倭人は倭人の手で鉄を取っていたと見られるのである。そして「弁辰の瀆盧《とくろ》国は倭と境界を接している」ともある。海をへだてて対峙《たいじ》しているわけではない。

このように朝鮮半島南部に南方から沿岸伝いに来て植民した倭人を、日本側からは任那《みまな》といった。朝鮮半島を経由して大陸内部から日本列島へ渡来する人びとの前に南の海から日本列島へ渡来して来た者も多かった。そしてこの人たちのもたらしたものが弥生式文化だった。つまりこの文化は、東アジアの沿岸伝いに日本列島にもたらされたもので、海洋性の強いものであると共に、稲作をもたらした。しかもその稲作には鉄文化が付随していた。それがまた構造的な船を造るのに大きな役割を果たしたと考える。

倭人が朝鮮半島と九州と両方に植民地を作ったことは大陸と日本列島との往来関係を密接にし、大陸の文化が朝鮮半島を経由して比較的スムーズに流入するようになった。大陸文化が海をこえて来るためには船を必要とする。しかし大陸人たちは海には親しみが少なく、また船の建造技術も持っていなかったはずである。もし海をわたろうとするためにはみずから船を造るか、または海岸居住民に造らせなければならない。しかしそこに船を持ち、しかも対岸の人たちとも同種同文化を持っているとすれば、海の彼方と比較的容易に交流することができるのである。

三世紀末の倭族

『三国志』の「呉伝」に、次のようにある。

今得二万兵、乗大船、自是合衆、授濬節鉞。明日当発、其夜衆悉逃走。

当時の呉は、兵力二三万人、舟船五〇〇〇余艘をもっていたが、その中の二万人の乗った船が、翌日出発する夜に多くの人がことごとく逃れ走ったとある。彼らはどこに行ったのであろうか。

このことについて竹田昌暉《まさあき》氏は、呉国（二二二年孫権が建国）の命運を賭けた最後の決戦前夜に、武器を満載した二万の呉の大水軍が忽然《こつぜん》と消えてしまった。そしてその大船団は、南方からの黒潮ルートに乗って日本へ来たと考えている。

呉国は四代目孫皓の時代、西暦二八〇年に西晋《せいしん》に滅ぼされる。西晋は蜀の軍船を使って首都建業（南京）を攻め立てた。陥落直前に、呉将の陶濬《とうしゅん》らは揚子江下流の呉から船出した。彼らの船団は、当初東シナ海を東航して九州西岸から対馬海峡に入り対馬海流に乗って出雲をめざすはずだったが、黒潮の本流に乗ってしまった。その結果、船団の一部は河内に渡来した。一部は日向に漂着している。ただ、日向に漂着した一団については、沖縄の伊平屋島の伝承を考えると、最初伊平屋島に漂着した。その後そこで神武が生まれた。そのまま伊平屋島や沖縄島に住みついた者もいた。後の天孫氏と云われる人々だと考えられる。また沖縄本島北部の今帰仁村と伊平屋村に残る祭祀「しぬぐ」は、神武の東征出陣の祈願祭として太古の昔より今に伝わっている。伊平屋島漂着後の約三〇年後、軍団の体制を整え、神武を先頭に、黒潮に乗り、日向に渡来したと考えられる。

そして、日本の古代史書である『古事記』と『日本書紀』がともに伝える天孫降臨とは、この呉の孫氏の大船団がやって来た（日本へ降ってきた）をあらわしていると竹田氏は言う。ちなみに「天孫降臨」を琉球方言では、「テンソー（大人物で指導的な立場の人）」が「コ（ク）ーリン（来た）」となる。

一九八四年からの本格的な調査により、出雲市の荒神谷《こうしんだに》遺跡から三五八本という大量の銅剣を発掘した。この数は、これまで北九州と四国地方を中心に出土した銅剣の総数の三〇〇本余りを一挙に上回る大量の出土である。また近くの加茂岩倉《かもいわくら》遺跡から三九個もの銅鐸《どうたく》が一挙に出土した。

三角縁神獣鏡《さんかくぶちしんじゅうきょう》については「魏書」に記す一〇〇枚をはるかにこえ、日本全国で四五〇枚も出土している。また、一九八一年に、中国の考古学者・王仲殊《ワン・チョシュー》氏（元・中国社会科学院考古研究所の所長）が「日本の古墳時代前期初頭までに造られた三角縁神獣鏡は呉の工人が日本に渡来して造った鏡である」という説を発表したのである。この王仲殊氏の説は、日本の古代史学界に大きな衝撃をもたらした。

これらのことから、「天孫降臨＝呉軍渡来」説をあげている。要約された竹田氏の説を述べると、西暦二七〇年以降、呉国の将来に不安を感じた一部の王族とその廷臣たちはひそかに海上ルートにより倭国（倭族の入植地＝徐福ら三〇〇〇人、リーハーら一〇〇〇人などの子孫）に二度にわたって使者を派遣し、倭国の支配者すなわちオオクニヌシノミコトに呉の王族が将来倭国に退避してくることを受諾するよう交渉させた。だが、「記紀」の伝承によると、それらの使者はいずれもオオクニヌシに懐柔されて帰らなかった。しかし、二七〇年代の末、呉国の運命が急を告げてきた。ここでやむなく呉の軍船（「記紀」によるとその司令官タケミカズチで北九州と出雲を征服した呉の軍団、『出雲国風土記』ではアメノヒトナリ）を倭国（倭族の入植地）に派遣、まず北九州の銅鉾《どうほこ》圏を威嚇《いかく》・詰問《きつもん》して倭国の割譲を承諾させた。これが「記紀」が伝える出雲の「国譲り」伝承の実体である。

この交渉の成立間もなくの西暦二八〇年、呉国滅亡直前の二八〇年二月一一日（頃）の前夜、武器を満載した呉の二万の大水軍が出雲に向かって江水（長江＝揚子江）のほとりの呉の都・建業を出港した。だが、冬の北風に煽られ、この船団は日本海に流入する対馬海流からはずれ、黒潮の本流に乗ってしまった。そのため、軍団の一部は、紀伊水道を経由して河内に上陸、これが「記紀」の伝えるニギハヤヒの降臨伝承となった。そして別の一部は、沖縄の伊平屋島に流されてしまった。その後約三十年遅れで日向に上陸し、これがニニギノミコトの天孫降臨伝承となった。

ヤマトを制した呉の軍団は「記紀」に記されたニギハヤヒのことであり、この軍団は奈良盆地の南東部に割拠して大量の鉄の武器を持ち込み、三角縁神獣鏡を先住の倭人に与えて平和裡に倭国を制圧し、古墳時代の幕を開いた。

また、伊平屋島から南九州の日向に上陸した呉の軍団は「記紀」のいうニニギのことで、その子孫であるヒコホホデミ（神武）はヤマトのニギハヤヒと合流しようとして日向を出発、これが神武東征伝承として後世に伝えられることになった。ただこの呉から海上へ逃れての合流作戦はニギハヤヒ一団が倭国（倭人の入植地）に渡来してからすでに三〇年もの年月が過ぎた後の行動であったため双方の意思を欠き、心ならずも両者があい相克《そうこく》する戦闘となった。その結果、南九州から東征してきた神武の軍団が勝利してヤマトの支配者となり、ここに古代日本の初の統一国家が実現した。

「高天原」について、大和朝廷誕生の出来ごとをどのように表現するかを「記紀」の編者たちは議論した、現代の歴史のようなリアルな表現を避け、孫氏の渡来を天照大神の指令で孫氏が降臨する―天上から降り立つという構想で意見がまとまった。そして降臨してくる出発地を呉とせずに「高天原」という抽象的な場所にした。これは後世に配慮した非常に思慮深い設定であった。こうしておけば、高天原というお立ち台に天津神《あまつかみ》（呉の軍団・大和朝廷）・国津神《くにつかみ》（以前よりの在住者で、代表者はオオクニヌシ）、いずれの祖先神が別々でも一緒にでも立たせることができるからである。つまり、高天原というのは、倭人・倭族の太古の昔から住んでいたすべての地・地域を内包するものである。

ただ、この神話としての抽象的な場所の高天原から、実在の高千穂の峰に降臨したと解釈され、神話と歴史を混同している。千田稔氏は、幻想（神話）→「現実化」→幻滅というプロセスの中に、高千穂という近代日本の象徴的風景から読みとっている。風景が幻想であればあるほど、幻想を「現実化」する心性がはたらく。幻想が「現実」のように認識されてくる。観光の風景写真が、全体から切り取られた部分しかあらわれないにもかかわらず、その風景写真がその土地のすべてであるかのような錯覚をもつ。風景写真という幻想が「現実化」してしまっている。現地に行って、写真が現実でないことに気づき、幻滅する。そこには神話という現実だけがのこるのである。

倭人・倭国について

倭族を中国の南部に横たわる長江流域に発祥し、稲作と高床式住居を顕著な文化的特質として、東南アジア諸国からインドネシア諸島嶼・南西諸島、さらに朝鮮半島中・南部から日本列島に移動分布した民族で、それを「倭族」という新しい概念で鳥越憲三郎は捉《とら》えた。

そのことは中国の正史に見える倭人・倭国が、日本人・日本国に対しての呼称であるとしてきた先学者たちの見解を、真っ向から否定するものであった。「倭人」という語の起こりは、黄河流域を原住地として政治的・軍事的に覇権を掌握した民族が、とりわけ秦・漢の時代以降、彼らの迫害によって四散亡命した長江流域の原住民に対して、蔑《さげす》んでつけた卑称《ひしょう》であった。

この項では、宮本常一の「倭人」の考察や、鳥越憲三郎が指摘してきた倭族から「倭人」「倭国」についての現状を見る。

鳥越は、「倭人」について記録した中国の各史書を取り上げて、それら史書の誤謬《ごびゅう》を正すとともに、わが国の文献には記されていない古代日本の国情や習俗などを明らかにした。

「倭人」という用語を、これまで先学者たちが大きく誤って理解していた。例えば諸橋轍次《もろはしてつじ》著『大漢和辞典』（大修館書店）を見ると、倭人・倭国は「古《いにしえ》、中国人が日本人を称していふ」「古、中国人が我が国を称していふ」とある。また『日本国語大辞典』（小学館）でも、倭人を「昔、中国の立場からの日本人の称」、倭国は「日本の国。また、漢代以降、中国から日本を呼ぶ称」と記し、日本人・日本国をさす特定の呼称として捉えられている。

しかしそれは誤解されたもので、「倭人」「倭国」という名称の起こりは、日本人・日本国に限られたものではなかった。黄河流域に発祥した漢族が優越感から、長江流域を原住地として各地に移動分布した民族を総括して命名した卑称であった。それらの語は中国大陸に起因する。

われわれは中国大陸を一つとして見がちであるが、実は北と南とでは大差がある。淮河を境にして、北の黄河流域が寒冷・乾燥地帯であるのに対し、南の長江流域は温暖・湿潤地帯で、環境・風土が対蹠《たいせき》的に大きく異なっている。

そのことは生産様式をはじめ、社会機構や習俗に大きく影響を及ぼした。例えば黄河流域では耐寒・耐旱《たいかん》性の粟の畑作が営まれ、住まいも地炉形式の竪穴式住居となった。それに対し長江流域では暖かく水も豊かなため水稲農耕となり、増水も考えて炊事の火を高床面に設ける高床式住居が考案された。右の住まい一つの違いからでも、高床式住居では高床面が生活空間であるため、必ず履き物を脱いで上がる。もし跣《はだし》の生活であれば、梯子《はしご》の昇り口か部屋の入り口で、足を水で洗うか布切れで拭き、屋内と屋外とがはっきり区別されている。それに対し竪穴式住居では、後に平地式住居に移行しても、屋内と屋外との区別はなく、土足のまま出入りする生活である。

右は生産と住居を代表的な事例として示したのであるが、両者に見られる大きな差異から、長江流域を原住地とし、稲作と高床式住居を文化的特質として四方に移動分布した民族を、鳥越は総称して「倭族」という新しい概念で捉え、これまで幾多の論著で発表してきた。

その倭族の移動分布は広域におよび、長江全流域を中心に、西はネパール東部、南は東南アジア全域からインドネシア諸島嶼、北は中国の江蘇省・安徽省・山東省、東は沖縄諸島の島々、また朝鮮半島中・南部を経て、日本列島に達した。

彼ら倭族の移動の多くは、漢族からの迫害によるものであった。それは漢族の住域が地理的に中央アジアの先進文化を受容しやすかったことから、黄河中流域を中心として高度な文化を開花させ、その結果長江流域の倭族にくらべて政治的・文化的に大差をつけることになった。その彼らの武断的権力にもとづく領上拡張の犠牲となって、倭族たちはつぎつぎと僻地へ逃避せざるを得なくなったのである。

その漢族の優位性は当然のこと自負心となり、長江流域に発祥した民族を蔑視し、卑称として「倭人」と呼ぶようになった。諸橋轍次著『大漢和辞典』によると「倭」は「みにくい」（醜い）の意として、「仳《ひ》」「仳倠《ひき》」に通じるといい、後漢の許慎《きょしん》が撰《せん》した『説文解字《せつもんかいじ》』には「倠、仳倠、醜面なり」とみえる。そうした卑称には無理からぬものがあった。というのは、中国の各史書にしばしば記載されている倭族の習俗が、漢族の目には異様なものとして映っていたからである。すなわち黥面《げいめん》（顔の入れ墨）・文身《ぶんしん》（身体の入れ墨）や断髪（頭の頂に、房の髪を残す髪型）の習俗である。倭族にみられる習俗を漢族が奇異に感じたのは、両者の服飾に原因していたともいえる。漢族の住む寒冷・乾燥地帯の黄河流域では、体温を保つために毛皮であれ布地であれ分厚く、しかも体に密着するように裁断されて縫われる。そして頭の帽子をはじめとして、手足の先まで覆われるので、装飾はもっぱら衣服が対象となる。

それに反して温暖・湿潤地帯の長江流域に発祥した倭族たちは、体温を発散させるために風通しのよいように、そして手足までも露出する衣服が裁断される。そのため衣服は薄手で、たびたび洗濯のできる布地が選ばれる。しかも『三国志』魏志・倭人伝によると、夏のことであろうが、日本でも男性は腰巻きだけで、上半身は裸であったとある。そうした装飾となると、衣服ではなく自らの体を対象とすることになる。したがって入れ墨は、彼らにとって最高の装いであり誇りであった。しかし漢族には理解できない奇習としてみられたのである。

「断髪」について、倭族は人間には三十三の霊があって、その最高の霊は頭にあると信じ、それを保護するため頂の頭髪だけを残すのである。中国奥地の彝《イ》族では、他人がたとえ誤ってその髪に触れても、その者を殺してよいとされていたほど、断髪は貴重なものとして守られてきた。タイ国では今でも絶対に子供の頭に手を触れないように注意される。首都のバンコクでさえ、今でもその遺風が伝えられているのである。

そうした倭族一般にみられる習俗が、わが国にも同じように伝わっていて、『後漢書』に「男子は皆黥面・文身し」とあり、また『三国志』魏志・倭人伝にも「断髪・文身」と記されている。

以上のことでわかるように、「倭人」「倭国」という用語は、日本人・日本国をさしての呼称ではなく、原住地の長江流域から各地に移動分布した民族の総称として、漢族が名づけた卑称であった。そのことが理解されなかったことから、これまで中国の史書の注釈を誤ってきたのである。

「越」と「倭」

「倭」が越人の「越」の古音「ヲ」wo に通じることである。物部一族の名門で愛媛県の越智国造《おちくにのみやっこ》はじめ、越智姓の人たちの「越智」（ヲーチ）は、今でも古音のまま伝えている。

中国では古くから類似した音の漢字は簡単に代えられる。つまり「越」は「倭」の類音異字にすぎず、「越」を「ヱツ」と発音するようになったのは漢代以降のことで、戦国時代までは「ヲ」といい、そのことは越人が倭人であったことを示し、また越王は入れ墨をしていた。その越人の本拠地は浙江省紹興市の地であった。彼らは春秋《しゅんじゅう》時代末に呉を滅ぼし、江蘇省と山東省の一部にまで領域をひろげるが、戦国時代末に楚《そ》に討たれて滅び、大挙して南方に向けて亡命した。そして浙江省に残留した越人は「於越《おえつ》」と呼ばれ、福建省では「閩越《びんえつ》」、広東・広西では「南越《なんえつ》」（揚粤《ようえつ》）、ベトナムは「越南《えつなん》」と称された。さらに長江流域に分布する倭人たちに対して「百越《ひゃくえつ》」という呼称まで生じた。「百」はたくさんの意である。

以上のことで明らかなように、越裳国人が南下してベトナムに住みついたのは、時代的に越が楚に討たれて滅亡した紀元前三三四年以降である。

浙江省の杭州湾の南岸に会稽山がある。この会稽山は、夏の王の後裔と自称する越人の聖地であり、紀元前二一〇年、秦の始皇帝がここに登って禹を祭り、南海を望んで石碑を立てている。越人は華南の海岸地帯、浙江省、福建省、広東省、広西省からベトナムへかけての原住民で、竜を崇拝して体に入れ墨をし、米と魚を常食とする海洋民族だった。それは夏人と関係があった。

ところで越王勾践は紀元前四七三年に呉王夫差《ふさ》を滅ぼすと、一気に北上して山東半島の南側、青島市の西南方の海岸の琅邪《ろうや》山に都を移した。これ以来、ここは華北と華南を結ぶ貿易港として発達した。秦の始皇帝もここが気に入って、琅邪に宮殿を築いて三万戸の民を移住させ、三度もここに行幸している。またここから船に乗って山東半島を回って渤海《ぼっかい》に入っている。

航海上手の越人にとって、山東半島の先から黄海を渡ればすぐの朝鮮半島や、日本列島に達するのに、たいして困難はなかった。前三三三年ごろに越国が楚に滅ぼされて、越人が四散したあとも、東海のかなたの土地のことは、伝説となって琅邪の地元に残っていた。前二一九年、始皇帝が最初に琅邪を訪問したとき、斉人の徐福《じょふく》（市）が始皇帝の命を受けて、海の向こうの仙人の住む、蓬萊《ほうらい》、方丈《ほうじょう》、瀛《えい》州の三つの神山の探険に、童男童女数千人を率いて琅邪を出帆したのがその証拠である。

こうした越人の海上活動は、燕人の朝鮮半島進出よりも一足早く、日本列島に弥生文化を持ち込んだのは、実は越人だった。

『論衡』にみえる倭人とは

『論衡《ろんこう》』には、周の第二代成王のとき倭人が鬯艸《ちょうそう》を献上したとある。紀元前一〇〇〇年より前の周代初頭に越裳《えつしょう》国が白雉《はくち》を献上したという話は、どのように考えても理に合わない。まずその「倭人」

を日本人だとしたら、どうなるかについて鳥越は、次のように指摘している。

後漢の西紀一世紀の頃王充《おうじゅう》（二七〜九〇）の書いた『論衡』の儒増篇『論衡』である。なお、『漢書』では「越裳氏」、『論衡』の恢国篇で「越常《えつじょう》」と表記されている。

　周時、天下太平にして、越裳、白雉を献じ、（巻八・儒増篇）
　鬯草は倭より献ず。（巻一三超奇篇）
　成《せい》王の時、越常、雉を献じ、倭人、暢《ちょう》（鬯）を貢す。（巻一九・恢国篇）

右は内容の上から二つに分けて考証する必要がある。一つは「越裳（越常）」と「白雉」、他は「倭人」と「鬯艸（暢草）」である。

初めに「越裳」と「白雉」のことを取り上げることにしたい。その越裳については『後漢書』南蛮列伝に「交阯《こうし》の南に越裳国あり。……」と記しているが、実は前漢の伏勝《ふくしょう》が編んだ『尚書大伝《しょうしょたいでん》』（四巻）の文をそのまま掲載したものであった。

わが国が中国へ朝貢したのは、後漢の初代光武帝の建武中元《けんぶちゅうげん》二年（五七）、「春正月辛未《しんび》、東夷の倭の奴《な》国王、使いを遣わして奉献す」とみえるのが初めである。それは邪馬台国以前のことで、九州北部の奴国からの入朝であった。ところが『論衡』の記事を認めると、周の成王は紀元前一一〇〇年頃の王で、わが国では縄文時代にあたり、縄文人が中国の王朝に入貢したことになる。そのため先学者たちは手も足も出ず、この問題は不問に付して口を閉じた。

さらに「鬯艸」そのものの解釈にも問題がある。まず最古の漢字字典といわれる『説文解字』をみると、

鬯《ちょう》は秬(黒黍《くろきび》)を以て鬱艸《うっそう》(かおりぐさ)もて醸《かも》し、芬芳《ふんぼう》(香ばしいかおり)攸服《ゆうふく》(やわらか)、以て神を降ろす。

とある。そして多くの注釈がすべて黒黍を原料とし、香ばしい鬱金草《うっこんそう》をまぜて醸した酒を鬯といい、その酒を地に垂らして神を降ろすのに用い、あるいは賓客に供するものとした。つまり、「鬯」は香酒の名で、薫り草には鬱金草を用いるというのが一般の解説である。

鬯草《ちょうそう》というのはウコンのことで、今の日本からは産出しない。琉球・台湾以南でないと見かけない。黄色の染料として用い、また薬用にもする。今日ではカレー粉に入れて用いている。

清《しん》の『山海経箋疏《さんがいきょうせんそ》』には「鬯艸」を「霊芝《れいし》」だとしている。それは万年茸の一種で、不老長寿の瑞草とされていた。古代の王たちの悲願はいかに延命を計るかにあった。その妙薬の霊芝こそ酒に入れられたとみるべきである。ところが日本に霊芝は産しない。したがって問題の倭人は日本人ではないことになる。

では、その倭人はどこに居住していたのであろうか。その手がかりとして、『本草綱目』で霊芝の産地は、①浙江省の四明山、②河南省汲県の黄山、③四川省巴県の西方辺境の山の石崖《せきがい》上とある。

巴県は現在の重慶《じゅうけい》市のあたりで、長江の中流域に位置し、倭族に属する巴《は》国のあった地である。その巴人のことが梁《りょう》の『文選《もんぜん》』（巻六・魏都賦）に、「或《あるい》は膚《はだ》を鏤《ろう》して髪を鑽《き》り、或は明発《めいはつ》して嬥歌《ちょうか》し」とみえ、倭人の習俗である文身・断髪し、夜明けまで歌垣をしていたことが記されている。

その巴国の西方にあたる長江上流に、チベット高原から雲南省西北端にかけて、五〇〇〇メートル以上の高峰が並ぶ横断山脈が伸びている。その山脈の南端、麗江《れいこう》地区に五六〇〇メートルの玉竜雪山《ぎょくりゅうせつざん》がある。四時《しじ》雪を冠するその高山が有名な霊芝の産地だという。そこで前掲の『本草綱目』が記す①②の場所は、行者によって後世に移植された山と考えられる。

実は巴国のあった重慶市までを長江といい、それから上流は名を変えて金沙江《きんしゃこう》と称される。その本支流には数多くの倭族が分布していた。黄河中流域の王朝と関係があったと想定される強国として、巴国のほか四川省成都《せいと》市に蜀《しょく》国が存在していた。その蜀の西方にも高山が並立しており、霊芝の産地であった。

その蜀国については、一九八六年に成都市の北約四〇キロの所で、世界の考古学界を驚倒させた三星堆遺跡が発見された。紀元前一六世紀ごろに構築された城郭の総面積は約二五〇〜三六〇万平方メートル、その南城壁の近くで発見された一号坑（殷代中期）、二号坑（殷代後期）から数多の青銅器・

黄金・玉器・象牙など約四〇〇点が出土している。

『論衡』にみえる倭人が日本人をさすものでなく、中国四川省の巴国か蜀国の倭人であった。

『後漢書』（巻九〇）列伝・鮮卑の条に「倭人」がみえるとして鳥越は次の記事を紹介している。

光和元年（一七八）の冬、田畜《でんちく》（田を耕し家畜を飼う）、射猟《しゃりょう》も食を給するに足らず、檀石槐《だんせきかい》すなわち自ら徇行《じゅんこう》（巡行）し、秦水《しんすい》を見るに広従《こうしょう》（東西）数百里、水は停《とま》りて流れず、その中に魚あるも得ること能《あた》わず。聞く、倭人は網捕《もうほ》（網で魚を捕える）を善《よ》くすと。是《ここ》に於いて東して倭人の国を撃ち、千餘家を得、徙《うつ》して秦水の上《ほとり》に置き、魚を捕え以《もっ》て糧食を助けしむ。

右の文にある「倭人」も日本人とみる既定観念に捉われて意味が通ぜず、誤伝として無視されてきた。光和の年号は後漢末のことで、檀石槐は後漢時代の鮮卑の部族長である。これは倭人が網漁にすぐれていることを聞き、東方の倭人の国を討伐して千余戸の人を連れ帰り、魚を捕獲させて食糧の不足を補ったという内容である。鮮卑は北方民族の東胡の別れといわれ、後漢時代が彼らの隆盛期であった。そして次第に中国の領域に南下し、ついに北魏《ほくぎ》（三八六〜五三四年）を建国し、洛陽に都するまでになる。そして当然のように、四川省北東部か陝西省南西部にいた倭人を攻めた。

また、呉に討たれた前節の倭の国々は、もちろん呉の領民となったが、その呉も春秋時代末、越によって滅ぼされた。倭族は南方の越に討たれたので、南へ逃れることはできなかった。さりとて西には非倭族である強国の楚がおり、北には朝鮮半島の北部まで領有する同じく非倭族の燕がいて、しかも平壌近くまで要塞を築いていた。そこで海上に逃れるか、朝鮮半島の中・南部へしか亡命することができなかった。

浙江省は粤《えつ》（越）人の本拠地で、楚に敗れて福建・広東・ベトナムに南下亡命した。その「越人」「倭人」の類似異字であり、福建省にも亡命した越人の地であった。海南島は香港よりもさらに南であるが、そこには黎《リー》族がすんでいる。彼らはもと貴州省の北盤江《ほくばんこう》流域にいた夜郎族の一派で、傣《タイ》族などとも同族の倭族である。海南島に移住し、平野部で水稲農耕に従事していたが、後に漢民族に追われて海上に去り、漂流民として生活をはじめた苗《ミャオ》族が島に侵入してきて田地を奪われ、今では南部の山岳地帯に難を逃れて貧しく暮らしている。

なお、苗族は「ミャオ」というのを嫌って、「空の民」を意味する「モン」を使っている。彼らは、顔つきが日本人とてもよく似ているとも言われている。また、次のような古い伝承がある。

「その昔、中国の王様の家来にリーハーというモン族の男がおり、王様に気に入られていました。それをねたんだ他の家来が王様に、リーハーに不老不死の妙薬を取りにいかせるよう仕向けました。リーハーは、五〇〇人の男、五〇〇人の女、鶏や豚、家財道具すべてを持って海を渡り、日本にたどり着きましたが、リーハーは戻らず、五〇〇人の男女は結婚して日本人の先祖となった」

という。そしてモン族の人たちは、自分たちと中国人と日本人は兄弟だと言っている。日本の倭人と同族がすむ浙江省や福建省の東側の海上に、琉球列島や日本列島が南北に連なっており、また同族のいる海南島も近く、風俗習慣が多くの点でおなじである。

徐福伝説には、秦の始皇帝の命により東方海上の三神山にあるという不老不死の仙薬を探すために、徐福のほか三千人の童男童女が船出している。徐福に引き連れられた三千人やリーハーに引き連れられた千人の男女も、近年のベトナム難民と同様に海上に浮かび、黒潮にのって琉球列島からトカラ列島、九州沿岸、対馬、朝鮮半島沿岸などに流れ着き、また対馬海流にのって壱岐から北陸沿岸まで、さらに黒潮の太平洋側の流れにのったものは四国南岸から紀伊半島沿岸まで達した。このように伝説で云いつたえられている人びと以外にもたくさんの人びとが戦乱や、新天地を求めて海上に浮かんだことが想像される。黒潮が海上に浮かんだ人びとと文化を運んでいたのである。

倭人と海人

民族学者の凌純声は中国の筏やダブルカヌー、アウトリッガー（ボートの舷側に張り出して取りつけた浮材）付きカヌーや、武器、楽器、樹皮布などと、ポリネシア、メラネシア、インドネシアなどのそれらとの類似性を認めた。また中国沿海の九夷《きゅうい》（漢民族が東方にあると考えた九つの野蛮国で、畎夷《けんい》・于夷《うい》・方夷・黄夷・白夷・赤夷・玄夷・風夷・陽夷をいう）と百越が秦の中国統一以後の海禁政策や弾圧を逃れ、オセアニアに中国文化をもたらしたこと、そして中国には西北より「大陸文化」が導入されたことを主張するなど、彼の構想は壮大なものだった。中国の基層文化は、北はアリューシャン列島から南はインドネシアに至るまでの太平洋の島々と、中国大陸沿海地域に囲まれるアジアの「地中海」沿岸において発生したという。

中国において漁撈文化がみられるのは新石器時代にはいってからである。中国の新石器文化は地域的に見て、現在の陝西省・河南省を中心とした黄河中流域、山東省・江蘇省北部を中心とした黄河下流域、湖北省・湖南省を中心とした揚子江中流域、江蘇省南部と浙江省北部を中心とした揚子江下流域の四地域に集中しているが、漁撈活動の存在を示す遺物はこれらの各地から出土している。

このアジアの「地中海」沿岸において、縄文時代には中国や九州方面などから移動してきた人がいた。その頃には中国や九州方面から沖縄の間に航路が開けていたことが近年の考古学の成果でわかる。縄文時代にはいって大陸や九州方面から移動して来た人たちがいたということは、その頃すでに、大陸や九州方面と沖縄の間に、航路が開けていたことを意味する。九州と沖縄の間にある七島灘の荒海を、乗り越える航海術を持つ人たちは、縄文時代の前期から存在していた。しかし、日本では六六八年に飛鳥浄御原令《あすかきよみはらりょう》が制定された以後、農耕を中心とした国家が成立し、外海まで出かけたものもいたものであったであろうが、漁民などの生活の場は近辺の海域が中心となった。

沖縄の糸満の漁民は、沖縄を代表するウミンチュとして知られ、日本列島各地から、南西諸島全域、さらにはミクロネシアや東南アジアにまで進出し、それら地域の漁撈文化に少なからぬ影響を与えた誇り高き漁場者《ぎょじょう》たちであった。

大正時代のシンガポールは、南方出漁の中継地としてだけでなく、沖縄本来の漁である追込網に従事した糸満漁民は相当数にのぼったともいわれる。このように糸満漁民による海外への出漁は、各地各様の展開を見せながら、世界的規模で実施されていた。

このように後世においての糸満人は、交易者、航海者ではなく、漁師であることに拘《こだわ》った。しかし、それ以前の本部・読谷や糸満などに様々な地域から糸満に集まった人々の中には、済州島、五島列島、七島衆や久高衆の血を引く者たちも混ざっていた。そしてそれらの人々こそが、外洋の広域へと漕ぎ出していった沖縄ウミンチュの原動力となったと思われる。

沖縄島には、漁業に従事する者以外に交易や航海に携わる者も少なからず存在していた。漁業はそれだけでは生活を維持することのできない生活の手段である。たとえば衣服、漁具、食糧、とくに穀物、果実、野菜などはどうしても交易を通じて入手しなければならない。その交易の相手は近くの陸地に住む農民である場合もあるが、また直接間接に海上貿易に従事する商人である場合がきわめて多い。つまり人類のさまざまな海上活動は海上貿易を中心としてきわめて高度に組織化されているということができるのである。こうした海人の海上活動のネットワークを構成していく。このことは後の琉球王国を成立させる礎《いしずえ》となっている。

倭族の世界

古代から日本列島や南西諸島、また中国大陸、東南アジア間での交易があった。大交易時代といわれた一五～一六世紀には、『歴代法案』や『明実録』などの史料から多くの琉球人が使者、乗組員として交易に向かっていることがわかる。また交易のために、日本や朝鮮半島にも『李朝実録』や『蔭凉軒日録』などからうかがえる。

ここで倭族の足跡として、漢の武帝の追われる以前の倭族に住んでいた地域、そして逃れた地域を示すと図４の地域が考えられる。倭族は東シナ海や南シナ海を中心としたアジア「地中海」を形成している。倭族は東シナ海、南シナ海を中心に版図とする広大な海洋国家として浮かび上がってくる。大交易時代といわれた時代、琉球からもたくさん使者が派遣されているが、私貿易の航海者も含めて多くに人々が海を渡った。

ここで倭族の移動した地域と、また図５（安里延『沖縄海洋発展史――日本南方発展史序説』琉球文教図書、一九四二年より）から考えられることは、これらの人々が向かっているのがほとんど倭族の

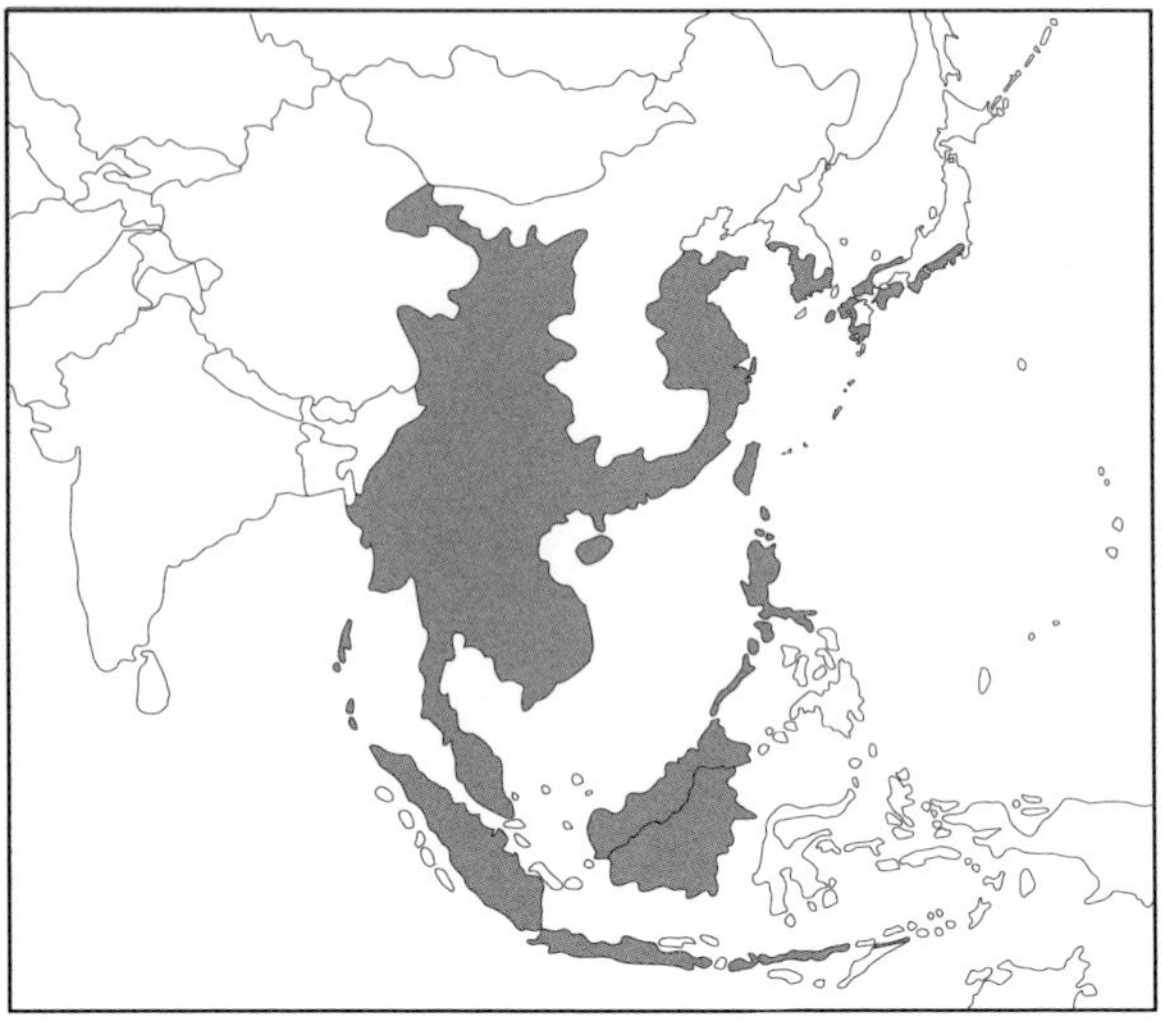

図４　倭族の移動範囲

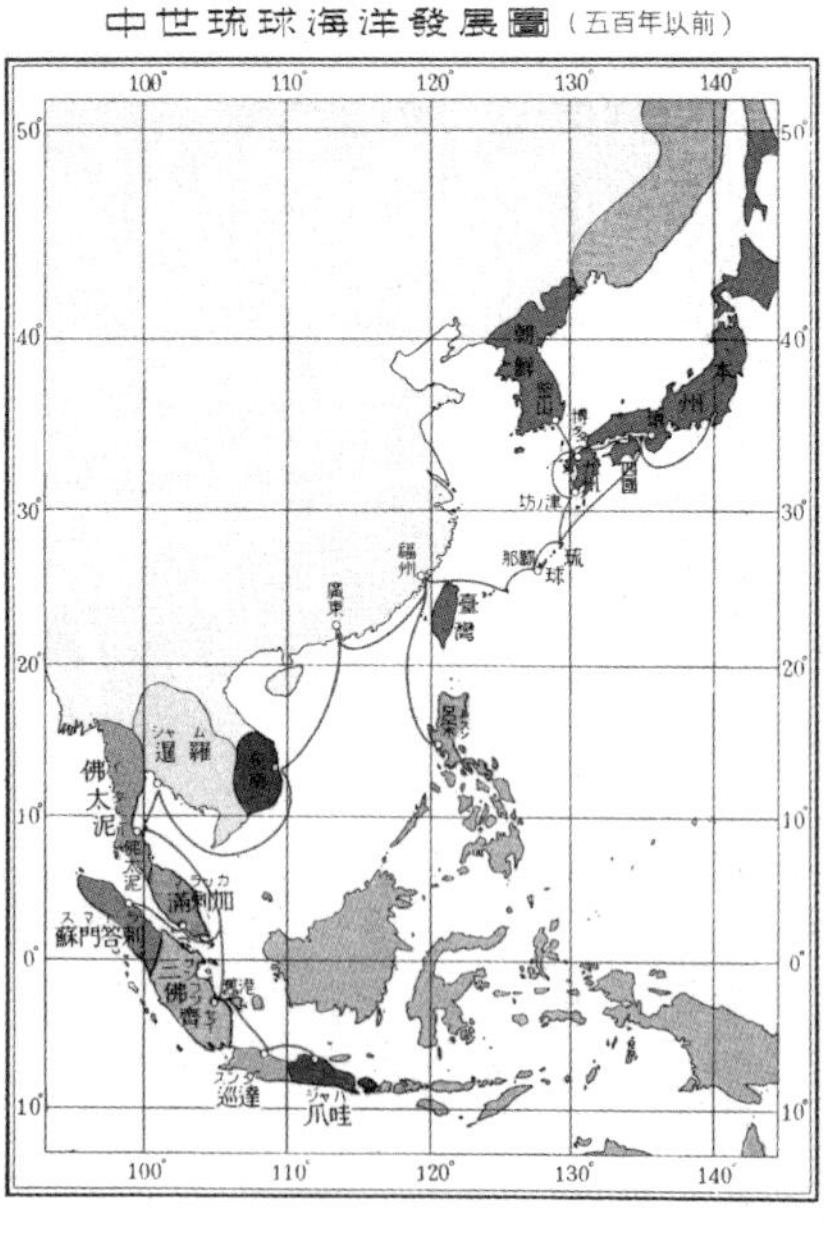

図５　安里延『沖縄海洋発展史─日本南方発展史序説─』の挿し絵図

逃避した地域であるということである。

「倭国」から「日本」へ

「倭」が卑称であることに耐えかねてか、「倭国」を「大倭国」にしたり、その倭国・大倭国の漢字を用いながら、本来の国名の「やまと」と訓《よ》むようにした。それにしても姑息《こそく》な手段には限度があって、『旧唐書』列伝・東夷・日本国の条には、

その国は日の辺《あたり》に在るを以《もっ》て、故に日本を以て名となす。或いはいわく、倭国自らその名の雅《ただ》しからざるを悪《にく》み、改めて日本となすと。

とある。

日本国は倭国の別種である。その国が日（太陽）〔の昇るところ〕の近くに位置しているので、日本を〔国の〕名としたのである。或いは、倭国〔の人々〕はみずからその〔国の〕名が雅《うるわ》しくないのを嫌って、日本と改称したともいう。或いは日本は旧は小国であったが倭国の地を〔併合〕した。（下略）

すなわちこれによると倭国と邪馬台国とは別のものであったということになる。そして倭というのは倭人よって日本列島の西部に作られた植民地だったと考えられる。その倭人たちは東南アジアの海岸

から北上して来た海洋民であったと『論衡』や『後漢書』、『魏志』を通して考えられる。

その「日本」も当初は「やまと」と訓んでいたが、国名として定着するにつれて「にほん」となった。そして「大倭国」は地域的に限定されて、「畿内の大倭国を改め、大和国《やまと》となす」（『拾芥抄《しゅうがいしょう》』）とした。それは奈良朝に入った孝謙《こうけん》朝の天平勝宝《てんぴょうしょうほう》年間（七四九〜七五七）のことであった。

倭族の故郷とニライカナイ信仰

「記紀」にみられる豊玉姫《とよたまひめ》の物語が生まれるまでの道程はながかったと考えられる。豊玉姫の物語は日本人のはるかな意識―意識ともさだかに自覚されないほどの深い無意識の底から喚起された物語である。こうした物語は、けっして上流階級の文芸趣味によって作られたものではなく、むしろ民間伝承として流布されたものが、しだいに洗練されていったものである。

この物語の独自性は後半の部分、すなわち、玉依《たまより》姫の子どもたちが、妣《はは》の国を恋したって海原に入水するという箇所にある。妣の国は亡き母の住む常世の国であり、常世の国は果実や穀物の常熟するあたたかい南の国である。そこは南風にゆすられて地面にあえ（落ち）た甘い果実をたべて苦労を知らぬ楽園とされている。

豊玉姫の物語にあらわれる「妣の国」は、日本人が一様にそれにたいして共通な感情を喚起するものでなければならない。

豊玉姫の伝説はまた、沖縄のニライカナイ信仰と根本では同一である。琉球の民間伝承をあつめた『遺老説伝《いろうせつでん》』のなかには、ニライカナイに行ってもどってきた稲福婆《いなふくばあ》の話がのっているが、これとよく似た説話が志摩の安乗《あのり》の海女《あま》の伝承（『福娘童話集』）として今も伝えられている。稲福婆や安乗の海女ののぞき見した海底の竜宮はきわめて古拙なものだが、それはとりも直さず豊玉姫の伝説の生地なのである。

ニライカナイという語を使用しない宮古島のような島がある。宮古島では死後人間のゆく世界を「後世《ぐそう》」と呼び、また海の神の住む海原を「竜宮《りゅうぐう》」と呼んでいる。この「後生」と「竜宮」の二つをあわせたものが「ニライカナイ」であり「常世《とこよ》」である。一語の中に複合した概念をまとめたのは、古代人は死後の人間のたましいは海上または海中にいくと考えたからである。たましいだけではなく、死後の人間も肉体をもつと信じられていた。

日本では「他界」ということばは二通りに解される。一つは、人間が「現世」の生を終えて次の生をいとなむところ、すなわち「後生」である。もう一つは日常の生活圏からはなれた海の彼方、すなわち日常生活上の異空間としての「竜宮」である。そこは信仰を異にする異族の住む海彼《かいひ》の国でもあった。

そこで「常世」の同義語である「妣の国」にもまたおなじような意味がこめられている。海のかなたの異空間からやってきた異族の女が、信仰上のちがいからまた夫の元を去って自分の国に帰っていくという物語は、日本人の祖先が南の島伝いにやってきた記憶とつながり、別れた母への思慕は民族渡来の原郷への郷愁とつながる。

島伝いに行き着いた日本の西の果てに、死者が姿を現すと信じられた島が、長崎県福江島の三井楽、つまり「みみらくのしま」である。

「妣の国」とは失われた母、死んだ母の住む死後の世界でもある。こうして、「はるかな空間」の記憶と「はるかな時間」への係恋《けいれん》とが重なりあう。「妣の国」が日本人の心にかきたてる哀愁は無限である。常世の国の住人を白ひげの老翁《ろうおう》、白髪の老嫗《ろうおう》で表現するのは、それがカール・ユンクの言う集合的無意識（カール・ユングによって提唱された心理学の概念）の人格化したものにほかならないからである。「常世」あるいは「妣の国」と、「ニライカナイ」とは根源的には同一の内容をもつが、歴史的には両者は微妙なちがいをみせている。

母への思慕は、永久に変わらない神域、死後の世界でもあり、黄泉《よみ》もそこにある「常世」に、民族渡来の原郷への郷愁として意識に残った倭人や、また、ニライカナイが豊穣や生命の源であり、神界でもあるとする倭人もいる。年初にはニライカナイから神がやってきて豊穣をもたらし、年末にまた帰るとされる。生者の魂もニライカナイより来て、死者の魂はニライカナイに去ると考えられている。一方では倭人の故郷に行けない観念が示され、他方では精神的なつながりを現世と維持し続けている。

おわりに

一九七二年五月十五日に、沖縄は本土復帰した。通貨がドルから円に変わった。五円玉や五十円玉は真ん中に丸い穴が空いており、とくに五円玉はテレビドラマの『銭形平次捕物控』で銭形平次が投げる寛永通寶にみえた。

二〇二二年に放送された、沖縄本島北部のやんばるを舞台としているNHK「連続テレビ小説」の『ちむどんどん』では、復帰前後の山原のことがうまく表現されていた。当時の山原の人たちの家族をはじめとする人間関係、「てぃんさぐぬ花」の歌のように親や大人が子供たちに生き方を教え示すことができないとまどい、それに対する子供たちは勝手にふるまいトラブルを起こすことになったりする。パスポートのいらない時間的な距離感、新しい経済システムでの金銭感覚などのとまどいなど、当時の沖縄の部分が上手く構成されていた。

沖縄の自然が長い年月をかけて造り出した珊瑚礁の海、そのリーフに囲まれたイノーと呼ばれる波静かな浅瀬には、さまざまな生物が育ち、集い、そこに暮らす人々に数多くの恩恵をもたらしてきた。舟がなくても、特別な知識がなくても、そして子供や年寄りでも、魚、タコ、貝類、海藻などを獲ることができた。それは地域の人々の貴重なタンパク源となり、旱魃《かんばつ》で食べるものがなくても、戦争ですべてを失っても、潮の引いたイノーに入りさえすれば、旨くて栄養満点な海の幸が手に入った。イノーがあれば生きていけたのだ。

珊瑚の海に潜ってみれば、そこには色や形、生態など、実にさまざまな個性を持った生き物たちが生息しているのがわかる。また珊瑚そのものも種類が豊富で、その数は三七〇種以上もあると言われている。この豊かな多種多様性こそが、本土にはない沖縄の海の最大の特徴である。

本土復帰前までの山原は、初夏になると、道端に白い百合などの花が毎年のように咲き乱れていた。また山々には椿やつつじなどがところどころに咲いていたものである。ところが復帰数年後には、まったくなくなってしまった。後につくられた「つつじ園」などに行かないとみられなくなった。入場料が必要になった。また水も無料であったものが、同じ蛇口の水に対して、水道料金として徴収されるようになった。これは商売になるのはなんでも利用するという資本主義というものなんだと実感した。この資本主義の波が山原にもやってきたのである。これは日本本土でも同様に通ってきた道だとも思った。二〇二四年には、「日本資本主義の父」と呼ばれる渋沢栄一が一万円札に登場した。

資本の波は、同時に政治の波であり、行政の波である。波が荒れ過ぎては、海岸が保たれない。海浜が保たれなくては、村落は保たれない。村落が安定されなくては、海洋に遊び、海洋をわが物としてはたらくことはできない。海は海でなくなる。

わたしたちの祖先が海を資源の宝庫とし、それによってその恵みに感謝してきたことを教えている。また人類社会は、遠い地域との往来、民族の移動、文化の伝達、物資の交流によって、めざましい発展をとげてきたが、それは海洋に航行の道が開かれたからにほかならない。このように、海をはなれて人類の歴史を語ることはできない。

四面環海という立地条件に恵まれながら、日本は、海を防壁としか考えない国家となった。日本人は揃って海に背中を向け、狭い国内だけをみつめて過す習性を身につけた。そのためものの考え方も陸地中心に限定され、遥かに広い海を忘れてしまった。

大方の日本人の海への無関心と冷淡さは、現代に至っても払拭されることなく、根強く残っていると思えてならない。

これは環境に適応するはずの人間としてはおかしなことと言えよう。本来、人々は海を眺めれば、遥か水平線の彼方に何があるだろうと空想し、その彼方からやってくる船や人物に大きな興味を寄せるはずだ。

日本は四面を海に囲まれた島国でありながら、日本国民の海への関心はきわめて薄い。

一五世紀にはじまった大航海時代のヨーロッパ人達がその好例だった。日本人も古代、中世、室町時代や戦国期まではヨーロッパ人と同じような海への好奇心と冒険心をゆたかに持っていたと思える。しかし徳川家によって天下が統一され、安定した国家が生れて間もなく幕府による鎖国政策が採用され、日本人の海外渡航は禁止され、渡海してくる他国の船もオランダと中国、朝鮮などに限定してしまった。琉球においても、第二尚氏の中央集権化や、その後の薩摩の管理統制のもと、交易船以外での航海は禁じられた。もちろんその網の目をかいくぐって渡航した人たちもいた。

日本史として見方を変えると、倭族の伝統、自由な航海と交易の民として主体的に生きることが、漢民族の影響として、漢民族の文字と儒教と仏教とを大陸からとりいれ、人民を農耕を中心とした土地への縛り（陸の世界）、またモンゴル系民族、後の大航海時代の欧米各国からの圧力・介入等によって、日本という島に閉じ込められたように思われる。琉球もまたしかりである。

これは、島尾敏雄が指摘したように、「日本はいかにして文字と儒教と仏教とを大陸からとりいれ、消化してきたかという頭の上からおしかぶさってくる大陸の文化への思い入れがすぎて、過度な緊張がおこり、かたくなになってきたのではないか」ということである。

火山の噴火において、マグマの持つ熱エネルギーと爆発の際の運動エネルギーがある。先の大戦では、島に閉じ込められた人々の熱エネルギー、そして運動エネルギーがいっきに噴出していったとも考えられる。

筆者が子供の頃、『怪傑ハリマオ』というテレビドラマが放送されていた。主人公のハリマオ（マレー語の「虎」という意味）が、欧米列強から虐げられた東南アジアの人々を解放せんがため、東アジアから東南アジア、そして中国大陸と股にかけて活躍するものである。環アジア地域を縦横無尽に移動し活躍する。筆者はそこに倭族の生き方の根源みたいなものがあるのではと思ったがどうであろうか。

最後に、名古屋市立大学特任教授の吉田一彦氏の講座では、歴史の研究は文献史料以外にも方法があること、また史料の価値を吟味し、その信頼性を確認する作業としての史料批判の重要性を教えられた。あらためて謝意を表したい。また本書の編集で、多大な力を頂いたボーダーインク編集部の喜納えりかさんに心よりお礼申し上げます。

参考文献

青山和夫・米延仁志・坂井正人・高宮広土編『マヤ・アンデス・琉球　環境考古学で読み解く「敗者の文明」』朝日新聞出版、二〇一四年
安里進ほか編『沖縄県の歴史』山川出版社、一九七二年
安里延『沖縄海洋発展史――日本南方発展史序説』琉球文教図書、一九四二年
字誌編集委員会編『田井等誌』名護市字田井等、二〇〇八年
網野善彦「西海の海民社会」網野善彦編『海と列島文化4　東シナ海と西海文化』小学館、一九九二年
網野善彦『海から見た日本史像』河合文化教育研究所、一九九四年
網野善彦『日本社会再考――海民と列島文化』小学館、一九九四年
網野善彦『海と列島の中世』講談社、二〇〇三年
網野善彦『東と西の語る　日本の歴史』講談社、二〇〇四年
池谷望子・内田晶子・高瀬恭子編『朝鮮王朝実録　琉球史料集成』原文篇、榕樹書林、二〇〇五年
井沢元彦『歴史の嘘と真実――誤解だらけの「正義」と「常識」』祥伝社、二〇〇九年
石原道博・和田清編訳『舊唐書倭國日本傳　宋史日本傳・元史日本傳』岩波書店、一九五六年
石原道博編訳『新訂　魏志倭人伝　他三篇　中国正史日本伝（1）』岩波書店、一九八八年
糸数兼治「グスクと水運」沖縄県教育委員会編『史料編集室紀要』一九八九年
井上英雄他訳註『東アジア民族史　1』平凡社、一九七四年

伊波信光編『石川市史』石川市役所、一九八八年
上田正昭・大森太良・森浩一『対談 古代文化の謎をめぐって』社会思想社、一九七七年
上田信『中国の歴史9　海と帝国　明清時代』講談社、二〇二一年
大宜味村史編集委員会『大宜味村史　通史篇』大宜味村、一九七九年
大宜見猛『昔・昔・大むかし日本人どこから：スンダランドから葦原の国へ』ボーダーインク、二〇〇九年
大林太良『日本の古代3　海をこえての交流』中央公論新社、一九九五年
大林太良著者代表『日本民俗文化大系［普及版］第五巻　山民と海人＝非平地民の生活と伝承＝』小学館、一九九五年
大林太良編『海人の伝統（日本の古代8）』中央公論社、一九八七年
岡田英弘著『倭国　東アジア世界の中で』中央公論社、一九七七年
岡本太郎『沖縄文化論―忘れられた日本』中央公論社、一九九六年
沖縄県今帰仁文化センター編『なきじん10　新城祐徳資料―調査記録ノート』沖縄県今帰仁文化センター、二〇〇一年
沖縄県教育庁文化課編『蔡温本中山世譜』沖縄県教育委員会、一九八六年
沖縄県立図書館編『歴代寶案』校訂本　第一冊（第一集巻一―二二）、沖縄県立図書館史料編集室、一九九四年
沖縄県立図書館編『歴代寶案』校訂本　第二冊（第一集巻二三―四三）、沖縄県立図書館史料編集室、一九九四年

沖縄県立図書館編『歴代宝案』訳注本　第一冊(第一集巻一―二二)、沖縄県立図書館史料編集室、一九九四年
沖縄県立図書館編『歴代宝案』訳注本　第二冊(第一集巻二三―四三)、沖縄県立図書館史料編集室、一九九四年
川上誌編集委員会編『川上誌』名護市川上区、二〇〇九年
かんてな誌編集委員会編『かんてな誌』仲尾次区長上地清徳、一九八三年
キャロル・グラック著／梅崎透訳『歴史で考える』岩波書店、二〇〇七年
具志堅敏行『琉球語は古代日本語のタイムカプセル』那覇出版社、二〇〇七年
具志川市誌編纂委員会編『具志川市誌』具志川市役所、一九七〇年
国頭村史『くんじゃん』編さん委員会編『くんじゃん　国頭村近現代のあゆみ』国頭村役場、二〇一六年
慶留間知徳『琉球祖先宝鑑』琉球史料研究会、一九六二年
源河誌編纂委員会編『源河誌』名護市源河区、二〇一六年
小島憲之・直木孝次郎・西宮一民・蔵中進・毛利正守校注・訳『日本書紀』一～三　新編日本古典文学全集、小学館、一九九六年
甲元真之「東中国海周辺の初期農耕文化」古代学研究所『東アジアの古代文化　14号』大和書房、一九七八年
小葉田淳『中世南島通交貿易史の研究』上、日本評論社、一九三九年
坂本太郎・家永三郎・井上光貞・大野晋校注『日本書紀』上　日本古典文学大系、岩波書店、一九六七年

向象賢／沖縄県教育委員会編『向象賢　中山正鑑』巻三、沖縄県教育委員会、一九八三年
新屋敷幸繁『歴史を語る沖縄の海』月刊沖縄社、一九七七年
新里恵二・田港朝昭・金城正篤『沖縄県の歴史』山川出版社、一九七二年
孫薇『中国からみた古琉球の世界』琉球新報社、二〇一六年
千田稔『高千穂幻想「国家」を背負った風景』ＰＨＰ研究所、一九九九年
高宮廣衞・知念勇編『考古資料大観12　貝塚後期文化』小学館、二〇〇四年
高良倉吉『琉球王国』岩波新書、一九九三年
竹田昌暉『「神武」は呉からやって来た』徳間書店、一九九七年
嵩元政秀・安里嗣淳『角川日本地名大辞典　47　沖縄県』角川書店、一九八六年
嵩元政秀・安里嗣淳『日本の古代遺跡　47　沖縄』保育社、一九九三年
谷川健一『黒潮の民俗学：神々のいる風景』筑摩書房、一九七六年
谷川健一『日琉交易の黎明』森話社、二〇〇八年
谷川健一編『海と列島文化　第6巻　琉球弧の世界』小学館、一九九二年
陳舜臣「海を越える民」大林太良編『日本の古代　月報3』中央公論社、一九八六年
鶴添泰蔵「南九州の媽祖聞書」隼人文化研究会『山人と海人』隼人文化　第一一号、一九八二年
東南アジア考古学会編『塩の生産と流通――東アジアから南アジアまで――』雄山閣、二〇一一年
鳥越憲三郎『倭人・倭国伝・全訳』角川ソフィア文庫、二〇二〇年

直木孝次郎『古代日本と朝鮮・中国』講談社学術文庫、一九八八年
仲宗根政善「わが故郷　今帰仁――宿道と津口をたどる」岡本恵徳編『ふるさと文学館』第四巻、ぎょうせい、一九九四年
中西進編『南方神話と古代の日本』角川書店、一九九五年
長濱幸男「宮古島の牧と沖縄北部のマキ」宮古島市総合博物館編『宮古島市総合博物館紀要』二〇一九年
仲原善忠『仲原善忠全集』第二巻　文学篇、沖縄タイムス社、一九七七年
永原慶二・山口啓二編『講座・日本技術の社会史　2　塩業・漁業』日本評論社、一九八五年
長嶋俊介ほか『日本一長い村　トカラ――輝ける海道の島々――』梓書院、二〇〇九年
沖縄県今帰仁村歴史文化センター編『なきじん研究――山原の歴史と文化――』Vo.l16、沖縄県今帰仁村教育委員会、二〇〇九年
名護博物館編『『塩』：屋我地マースを見直す』名護博物館企画展　9、名護博物館、一九九一年
仲尾次誌編集委員会編『仲尾次誌』名護市仲尾次区、一九八八年
南島史学会編『東アジアにおける南島研究　南島史学会創立50周年記念論集』春風社、二〇二一年
日本史料集成編纂会編『中國・朝鮮の史籍における　日本史料集成　明実録之部（一）』図書刊行会、一九七五年
羽田正編／小島毅監修『海から見た歴史　東アジア海域に漕ぎだす1』東京大学出版会、二〇一三年
原田禹雄『蔡鐸本中山世譜　現代語訳』榕樹書林、一九九八年

藤田豊八『東西交渉史の研究』図書刊行会、一九七四年
藤堂明保『漢字と文化』徳間書店、一九六七年
藤原実資著／倉本一宏編『現代語訳　小右記　3　永徳の変』吉川弘文館、二〇一六年
布施克彦『海の古代史――幻の古代交易者を追って』彩流社、二〇一八年
外間守善・西郷信綱校注『日本思想体系18　おもろさうし』岩波書店、一九七二年
真栄平房昭「琉球王国における海産物貿易――サンゴ礁海域の資源と交易――」『歴史学研究』第691号、二〇二一年
松重楊江『検証！捏造の日本史』たま出版、二〇〇六年
宮本常一『日本文化の形成』遺稿、そしえて、一九八一年
村井章介「中世における東アジア諸地域との交通」網野善彦他『日本の社会史　第一巻　列島内外の交通と国家』岩波書店、一九七八年
目崎茂和『南島の地形――沖縄の風景を読む――』沖縄出版、一九八八年
茂在寅男『古代日本の航海術』小学館、一九九二年
柳田国男『故郷七十年』朝日新聞社、一九七四年
山口栄鉄編訳・解説『外国人来琉記』琉球新報社、二〇〇〇年
山口栄鉄『琉球おもろ学者　鳥越憲三郎』琉球新報社、二〇〇七年
吉田一彦『『日本書紀』の呪縛』集英社、二〇一六年

読谷村関係資料『読谷山の由来記』読谷村史編集室、一九九〇年
李新貴編『籌海図編――中華兵書経典叢書』中華書局、二〇一七年
凌純声「中国古代与环太平洋文化」Ling Chunsheng:〔太平洋の古代中国文化〕『大陸雑誌』第三三巻 第一一期、二〇二一年
Basil Hall Chamberlain 英訳・解説『The Kojiki : Records of Ancient Matters』Turttke Classics, 1982

その他

東屋敷平仁「平敷屋朝敏考察―東屋敷平仁のカメラアイ美学」https://ryukyux.wordpress.com
『万葉集』第18巻 四一一一番歌／作者・原文・時代・歌・訳、「万葉集ナビ」https://manyoshu-japan.com/9467.
『三国志』巻四七 呉志二／主伝(二)「呉書孫権伝」http://home.t02.itscom.net
『漂到流求国記』書陵部所蔵資料目録・画像公開システム、http://shoryobu.kunaicho.go.jp.
「新発見！ 世界遺産のグスク 中城グスクに出現した石積みとは…」朝日新聞デジタル、https://www.asahi.com/and/article/20190225/300020449、
清溶『混一彊理図』龍谷大学図書館貴重資料画像データベース、https: //da.library. ryukoku.ac.jp/collections/kyourizu.html
张海鹏「冲绳 - 琉球历史文化考察记」爱思想、二〇一九年

『温州府志』巻十八、婆羅公管下密牙古人
元延祐四年六月十七日。黄昏時分。有無柁小船。在永嘉縣海島中界山地名燕宮飄流。内有十四人。五人身穿青黄色服。九人並白衣。内一人携帯小木刻字。長短不等。計三十五根。於上刻記圏畫。不成字様。提挈葫蘆八枚。内倶有青黄白色成串硝珠。其人語言不辨，成通暁之人。本路彩畫人形船隻圖。差官将各人起解江浙行省。當年十月中書省以事聞。奉旨尋訪通暁語言之人。詢問、得係海外婆羅公管下密牙古人氏。凡六十餘人。乗大小船二艘。欲往撒里即地面。博易貨物。中途遇風。大船已壊。惟十四人乗駕小船。飄流至此。有旨命發往泉南。候有人往彼。便帯回本國云。
楽山通遠王　維基百科、https://zh.wikipedia.org、「楽山通遠王…也是泉州地區的海神。」とある。
『勘仲記』は、一二六八年（文永五）から一三〇〇年（正安二）までの鎌倉後期の代表的な公家日記である。朝廷の様子や持明院・大覚寺両統迭立など重要な事件を目撃した実務官人の克明な記録を多く収録している。国立国会図書館デジタルコレクション、https://dl.ndl.go.jp/info:ndljp/pid/949542
わかやま歴史物語「徐福伝説～不老不死を求めて～」http://wakayama-rekishi100.jp/story/059.html
『後漢書』韓伝、国立国会図書館デジタルコレクション、https://dl.ndl.go.jp/pid/2607015.
『山海経』国立国会図書館デジタルコレクション、https://dl.ndl.go.jp/pid/1120108/1/9.
『史記』周本紀、本紀、中國哲學書電子化計劃、Chinese Text Project.https://ctext.orgh.23.
『論衡』国立公文書館デジタルアーカイブ、https://www.digital.archives.go.jp/file/1079062.
『捨芥抄』国書データベース国文学研究資料館、https://kokusho.nijl.ac.jp/ books/R100000094-I213400.

『文選』巻六、魏都賦

摧惟庸蜀與鴝鵲同窠、句吳與鼁黽同穴。……宵貌蕞陋、稟質遳脆。……或魋髻而左言、或鏤膚而鑽髮。或明發而嬥歌、或浮泳而卒歲。風俗以韰果為嫿、人物以戕害為藝。威儀所不攝、憲章所不綴。

著者略歴

比嘉隆《ひがたかし》　1957年沖縄県生まれ　元高等学校教諭
名城大学（工学）、慶應義塾大学（文学・歴史）、愛知教育大学大学院修士課程（英語学・英語教育専攻）、佛教大学大学院修士課程（歴史学専攻）を卒業及び修了。浅学非才ながら歴史学の研究として、文献史料のほとんどない古琉球時代の歴史を、文学、民俗学、考古学、言語、自然科学などから「歴史フィールドワーク」として取り組む。著書『古琉球史論』（弘報印刷出版センター、2022年）、共著『東アジアにおける南島研究―南島史学会創立50周年記念論集』（春風社、2021年）「琉球王権発祥地の一考察――沖縄北部地域を中心として――」。その他論文 Problems of Teaching Traditional Grammar in School : with special reference to tense and aspect.2007.

忘れられた山原人《やんばるんちゅ》と倭族
―黒潮に浮かぶ古琉球史と日本古代史の解明

2025年 2月20日　初版第一刷発行

著　者　　比嘉　隆
発行者　　池宮紀子
発行所　　（有）ボーダーインク
〒902-0076
沖縄県那覇市与儀226-3
tel.098(835)2777
fax.098(835)2840
www:borderink.com

印刷所　　東洋企画印刷

ISBN978-4-89982-477-0